"Le français retrouvé" **16**

Le français écorché

par

Pierre-Valentin Berthier
Jean-Pierre Colignon

Illustrations de Jacques Thomas

BELIN
8, rue Férou 75006 Paris

Des mêmes auteurs

Aux éditions Duculot :
Pièges du langage I et II (1978, 1979).
La Pratique du style (1re éd., 1978).

Aux éditions Solar :
Le Français pratique (1979) et le *Lexique [Dictionnaire] du français pratique* (1981).

Aux éditions Hatier :
Lexique des « faux amis » (1985)

De P.-V. Berthier

Plume de canard (souvenirs d'un journaliste), éd. La Nouvelle idéale.
L'Enfant des ombres (roman), éd. Calmann-Lévy.
Gaston Couté, éd. Le Vent du ch'min.
La Passion de l'Olympe (poèmes), éd. Éole.

De J.-P. Colignon

La Ponctuation, art et finesse (1975); édité et diffusé par l'auteur.
Guide pratique des jeux littéraires (éd. Duculot, 1979).
Testez vos connaissances en vocabulaire (éd. Hatier, 1979; 1983).
Savoir écrire, savoir téléphoner (éd. Duculot, 1980; 1983).
La Correspondance privée (éd. Solar, 1982).

ISBN 2-7011-1054-8 ISSN 0291-7521

Préface

Le français est, comme beaucoup de langues, un instrument de haute précision, mais si complexe et si fragile que c'est merveille de voir nos compatriotes s'en servir avec, somme toute, une certaine efficacité. Ne les entendons-nous pas manier avec brio une quantité invraisemblable de formes verbales ? Ne lisons-nous pas des livres et des journaux parés d'une orthographe dans l'ensemble régulière ? Les voix de la radio et de la télévision n'ajoutent-elles pas à la faconde journalistique ou politique une indéniable aptitude à se faire comprendre (même si on les comprend parfois avant même qu'elles aient parlé) ?

Cela dit, l'optimisme béat n'est pas une vertu, et il faut reconnaître qu'un regard un peu attentif a fréquemment l'occasion d'observer le phénomène de la faute. Sur le concept de faute de langage, il y aurait des pages à écrire ; disons, pour être bref, que, toute langue étant un instrument, la faute consiste à s'en mal servir. Le résultat est qu'on n'obtient pas l'effet souhaité : on est mal compris ou, plus pénible encore, on suscite des jugements défavorables sur son aptitude à user de ce fameux instrument.

Qu'on ne cherche pas à excuser la faute sous prétexte de liberté : un locuteur défaillant n'invente rien et n'est jamais original. Les fautes peuvent aisément être répertoriées en catalogue. De ce catalogue, Pierre-Valentin Berthier et Jean-Pierre Colignon ont choisi de feuilleter les pages les plus attrayantes. Ils ne se soucient point des fautes contre lesquelles les manuels de grammaire et d'orthographe nous ont mis en garde. Ce qui les intéresse, ce sont les faux pas que l'on commet dans les espaces où les grammaires sont muettes, et où le seul recours est ce qu'on appelle l'« intuition linguistique ».

Un faux pas est souvent drôle. Un faux pas du langage l'est encore plus, car son auteur n'en est pas conscient, et continue à s'écouter parler avec une satisfaction imperturbable. La collection de faux pas « photographiés » par les deux auteurs ne manque pas de l'efficacité comique d'un sottisier.

Comique discret cependant. Car il ne s'agit pas de grosses bourdes, mais des menus accrocs que l'on voit commettre par les professionnels de la parole et de la plume, par les plus grands écrivains à l'occasion et, naturellement, par vous et moi. Bien malin, en effet, celui qui éviterait tous les pièges tendus par le français!

Les pièges de la ressemblance sont particulièrement vicieux : une *acception* n'est pas une *acceptation,* une *dentition* n'est pas une *denture* et *agonir* n'est pas (heureusement!) *agoniser.* On peut être *près de partir* ou *prêt à partir,* mais non pas « près à » ni « prêt de ». *Deux à trois heures* ressemble fort à *deux ou trois heures,* mais « deux à trois personnes » ne veut rien dire. *Ils se sont succédé* paraît bien être un homologue parfait de *ils se sont aimés,* et pourtant le participe prend la marque du pluriel dans un cas et pas dans l'autre : car on peut être aimé, mais on ne peut pas « être succédé ».

Certains mots invitent à la faute par pure malignité. On ne saurait expliquer autrement le fait qu'*alternative,* qui signifie « ensemble de deux éventualités », soit si souvent employé au sens d'« éventualité opposée à une autre ». Nuance, nuance, que de fautes on commet en ton nom! *Amener* n'est pas *apporter;* donc, puisqu'on ne peut apporter son frère, qu'on n'essaie pas d'amener sa valise. Et rendons grâce à nos auteurs de nous faire passer indemnes sur le fil du rasoir qui sépare la *mappemonde* du *planisphère.*

Les pièges de la différence sont tout aussi redoutables. Le français prend un plaisir pervers à casser les symétries : *je m'en souviens,* mais *je me le rappelle, avant que* requiert le subjonctif, *après que* exige l'indicatif ou le conditionnel. Si encore il était toujours question d'exigences! Mais la langue passe sans crier gare du laxisme au rigorisme. D'accord pour *saupoudré de sucre* et *orienté à l'Ouest,* mais veto absolu contre un « soi-disant château » et « risquer de gagner ».

La langue évolue à son rythme. Bien des fautes d'hier seront demain des expressions correctes; aujourd'hui, on ne sait trop. Alors, faisons preuve de circonspection, de bon sens, et plus encore de modestie. En voulant briller à peu de frais, on tombe dans les clichés, que les auteurs de ce livre épinglent sans pitié, dans les tics du modernisme (« au niveau du manque de moyens, ce projet n'est pas évident à réaliser »), et dans les chausse-trappes de l'archaïsme. Car s'il est beau d'aimer les formules traditionnelles, encore faut-il les comprendre : on verra que les « faire long feu » et autres « péril en la demeure » réservent quelques surprises.

Les mille et une façons d'écorcher le français sont ainsi décrites, analysées et, bien sûr, corrigées dans ce volume. Présentées par ordre alphabétique des mots-clés, elles sont entrecoupées de quelques réflexions et suggestions à propos de problèmes généraux comme la coordination, la ponctuation, les accords, etc. On se réjouira de voir regroupées toutes les « associations burlesques » qui peuvent se cacher au coin d'une phrase qui se veut sérieuse, du genre « le travail noir n'existe pas en Afrique ». La rubrique ***anglicismes*** offre l'occasion de contempler l'ampleur de la pénétration de l'anglais, mais indique aussi quels équivalents français sont préférables à un grand nombre d'intrus. Ajoutons que les auteurs n'ont pas négligé la question des noms propres, sources de bien des embarras de parole. Beaucoup peut-être savent que *Pays-Bas* et *Hollande* ne sont pas interchangeables, mais quelques-uns seront heureux d'apprendre qu'on doit dire l'*Université Harvard* et non « de Harvard ».

On a compris que Pierre-Valentin Berthier et Jean-Pierre Colignon n'ont pas seulement voulu faire sourire, et que leur principal souci a été d'informer. Le principe est celui des « Ne dites pas... mais dites », encore que ces impératifs sévères conviennent mal au ton de l'ouvrage. Pierre-Valentin Berthier et Jean-Pierre Colignon sont des maîtres savants, mais indulgents. On pourra çà et là se sentir admonesté, mais toujours avec humour, jamais avec ironie.

On sait aujourd'hui que le changement est la vie même de la langue. Le purisme n'est plus de mise s'il consiste à se crisper sur des règles arbitraires. Tel que nos deux auteurs le défendent, le purisme est une éthique. La langue mérite qu'on la respecte et qu'on la comprenne, qu'on ne démantèle pas ses traditions et qu'on ne réprime pas ses évolutions. Le purisme, c'est aussi se respecter soi-même lorsque l'on parle. C'est, pour ceux qui sont en charge de la parole et de l'écriture, faire honneur à leur profession en exigeant d'eux-mêmes le maximum de compétence. La lecture de ce livre ne leur sera pas inutile. À tous les autres, elle sera indispensable. On ne manque pas une pareille occasion d'apprendre, dans la bonne humeur, à dominer les subtilités de sa langue, et, comme un bon cavalier le fait d'une noble monture, à la maîtriser sans la faire souffrir.

J. B.

BIBLIOGRAPHIE ABRÉGÉE

Dictionnaires généraux

Grand Dictionnaire encyclopédique Larousse, 1982-1985, 10 vol.
Grand Larousse encyclopédique, 1960-1964, 10 vol. + 2 suppl., 1968, 1975.
Grand Larousse de la langue française, 1971-1978, 7 vol.
Dictionnaire actuel de la langue française, Flammarion, 1985.
LAROUSSE (Pierre), *Grand Dictionnaire universel du* XIX*e siècle,* 1866-1876, 15 vol. + 2 suppl. 1877, 1890.
LITTRÉ (Émile), *Dictionnaire de la langue française,* 1863-1872, 4 vol. + suppl., 1877.
ROBERT (Paul), *Dictionnaire alphabétique et analogique de la langue française,* 1953-1964, 6 vol. + suppl., 1970; 2e édit., ent. revue par Alain Rey : *le Grand Robert de la langue française,* 1985, 9 vol. – En 1 vol., le *Petit Robert. Trésor de la langue française. Dictionnaire de la langue du* XIX*e et du* XX*e siècle,* Éditions du Centre national de la recherche scientifique, 1971 – ... (en cours de parution).
WAILLY (Alfred de), *Vocabulaire français,* 1832.

***

BADER (O.) et THÉRET (M.), *Dictionnaire de métallurgie,* Eyrolles, 1961.
BESCHERELLE, *l'Art de conjuguer,* ou *Dictionnaire des huit mille verbes usuels,* Hatier.
Concise Oxford Dictionary (The), 4e édit., 1956.
DAGNAUD-MACÉ (P.) et SYLNÈS (G.), *le Français sans faute,* Hatier, 1978.
GIRODET (J.), *Dictionnaire du bon français*, Bordas, 1981.
GREVISSE (M.), *le Bon Usage*, 12e édit., refondue par André Goosse, Duculot, 1986.
HANSE (J.), *Nouveau Dictionnaire des difficultés du français moderne*, Duculot, 1983.
MARTINON (Ph.), *Comment on prononce le français*, Larousse, 1913.
MASSIAN (M.), *l'Orthographe en dix leçons*, Hachette, 1979.
PASTRE (G.), *le Français télé...visé*, Serge Candéla édit., 1986.
PETITFRÈRE (R.), *Histoire universelle des armes*, Duculot, 1979.
TEPPE (J.), *les Caprices du langage*, 250 difficultés de la langue française par ordre alphabétique, Le Pavillon – Roger Maria, 1970.
THOMAS (A. V.), *Dictionnaire des difficultés de la langue française*, Larousse, 1re édition 1956.

À lire absolument avant d'aller plus loin...

Attention, cher et trop indulgent lecteur : utilisez ce livre avec beaucoup de précaution et en parfaite connaissance de cause.

Car il est farci d'erreurs, et c'est exprès!

Veuillez donc prendre note avant de plonger dans ses eaux polluées : tout ce qui, au fil de ces pages, est placé entre guillemets sans être composé en italique est – à l'exception des équivalences de sens, des acceptions, des significations – incorrect, ou pour le moins impur!

Cela, parce que nous avons présenté les questions que pose la langue non en partant du bon exemple pour nous conduire au solécisme, mais en choisissant l'itinéraire contraire, de la faute de langage à la bonne formulation.

Nous n'avons pas à proprement parler plaidé le faux pour savoir le vrai, mais nous avons mis en relief et en exergue des échantillons du mauvais dire et fourni les raisons et les moyens qui nous commandent et nous permettent de l'éviter.

Nous pensons l'avoir fait sans sévérité excessive, sans arbitraire déplaisant, sans purisme vétilleux. Et nous espérons nous être abstenus du ton magistral et sentencieux qui risque parfois de faire accuser de pédanterie ceux qui, dans un tel domaine, seraient exagérément pénétrés de l'importance de leurs objectifs.

Vous trouverez en outre, cher lecteur, intercalés dans l'échantillonnage, et à leur place alphabétique, des « concepts » où sont brièvement traitées des questions de langue que nous n'avons pas illustrées en entrée par le « mauvais exemple » habituel.

Maintenant que vous savez où vous allez, allez-y en vous accrochant bien à ce qui est ferme et solide, que l'italique vous aidera à distinguer.

Nous n'avons fait ressortir en premier ce qui est à bannir de la bonne langue que pour vous en faciliter la détection et le rejet. Vous pouvez à présent tourner la page.

Les Auteurs

à

Il est incorrect de dire et d'écrire : « il y avait là deux à trois personnes », « deux à trois arbres », parce qu'il ne peut y avoir deux personnes et demie, deux arbres et demi. Il faut dire et écrire : *deux ou trois personnes, deux ou trois arbres*. Gilbert Bécaud commet la faute dans une chanson où il a « deux à trois chemises ». Mais *deux à trois* est excellent si l'unité qui les sépare est divisible : *La température s'est élevée de 2 à 3 degrés*, car elle peut avoir monté de 2,1 °C (2 degrés 1/10), de 2,5 °C (2 degrés 1/2), etc. De même, un champ peut mesurer *de 7 à 8 hectares*, car l'hectare est fractionnable et le champ peut avoir une superficie intermédiaire. Voici deux autres exemples, le premier correct : *Nous avons parcouru 21 à 22 kilomètres* (peut-être 21,3 km, ou 21,8 km), le second incorrect : « un hameau de dix à onze maisons » (une maison, unité immobilière, ne se morcelle pas; il faut dire : *de dix ou onze maisons*, ou : *d'une dizaine de maisons* [= dix environ].

« acceptation d'un mot »

« Vérifiez l'acceptation de ce mot. » Il s'agit, bien entendu, de l'*acception* du mot auquel on se réfère, c'est-à-dire de son sens réel, de ce qu'il signifie dans l'usage oral ou écrit. Étymologiquement, *acception* signifie « manière de

prendre un mot », du latin *acceptio,* action de prendre. On dira donc : *Veillez à bien employer tous ces termes dans leur acception exacte* (et non « dans leur acceptation »). À noter que le mot *acception* a servi autrefois au sens d'*acceptation,* qui désigne le fait d'accepter, et qu'en langage archaïsant il serait encore admis dans cette... *acception.* Mais l'inverse n'a jamais eu cours, et parler de l' « acceptation d'un vocable » constitue une faute. – Pour l'expression *sans acception de*, voir l'article « ***exception de personne (sans)*** », p. 111.

ACCORDS DÉFECTUEUX

Les impératifs de l'accord ne sont pas des subtilités, ils ressortissent au jeu normal des règles de la langue. Encore sied-il de les connaître. Procédons, comme dans tout le reste de cet ouvrage, par l'examen de fautes relevées çà et là :

Mémoires, mémoire

« La publication des *Mémoires d'outre-tombe*, vite jugées ennuyeuses par Girardin, s'étalera sur près de deux années, de 1848 à 1850. » (*Le Monde*, 19 mars 1986.)

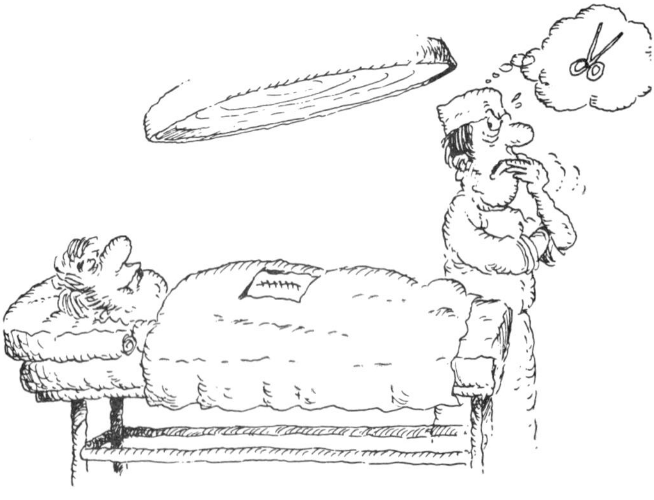

Mémoires, quand il a le sens d'*autobiographie,* est masculin pluriel et prend un M majuscule : *les Mémoires de Céleste Mogador.* Ce mot est également masculin, au singulier (sans *s* final) comme au pluriel (avec un *s*), quand il signifie « facture » : *un mémoire de plombier.* Il n'est féminin que lorsqu'il désigne la faculté de se souvenir : *avoir une bonne mémoire, perdre la mémoire.* – Il fallait donc écrire ici, pour les *Mémoires* de Chateaubriand : ... *vite jugés ennuyeux.*

Feu

« ... la rivalité avec les femmes [...], la presse contre le labeur et, récemment, [...] la S.G.P. contre feue la S.O.D.E.C. » (*Bulletin des correcteurs,* mars 1986.) Il fallait écrire : *contre feu la S.O.D.E.C.* En effet, *feu* est bien un adjectif, issu du bas latin *fatutus,* « qui a accompli son destin », mais, lorsque *feu* précède l'article (ou l'adjectif possessif), il a valeur d'adverbe et, de ce fait, reste invariable : *feu nos amis Jean et Ludovic*; *feu ma mère,* etc. L'adjectif *défunt* est traité pareillement : *sa défunte sœur,* mais : *défunt sa sœur.* Si l'on veut accorder, il convient de passer *feu* derrière l'article (ou le possessif) : « *contre la feue S.O.D.E.C.* », ou encore *la feue reine, mes feus frères.* (Noter le pluriel en *s* et non en *x* comme pour l'homonyme substantif.)

Masculin et féminin

« ... ce projet de loi qui va rendre caduques les conventions collectives, le Code du travail et la loi sur le temps de travail. » Le rédacteur a oublié que, lorsqu'il y a diversité de genre entre les mots gouvernant l'accord, le masculin l'emporte. C'est présentement la règle. Elle est combattue ou, pour le moins, controversée par des intégristes du féminisme Or, si on l'inverse, la situation créée sera-t-elle plus équitable ? Faudra-t-il décider qu'en pareil cas les adjectifs resteront invariables, pour tenter de satisfaire les deux sexes ? En fait, les mots, eux, n'ont pas de sexe; ils ont seulement un genre; confondre *genre* et *sexe* risque d'engendrer incompréhension et conflit. Le masculin imposé ici à l'accord est moins un masculin qu'un neutre. En tout cas, en l'état actuel des choses, il fallait écrire : *caducs* au masculin parce que, sur les trois substantifs régissant l'accord, l'un, *Code,* est de ce genre; et au pluriel, naturellement, puisqu'il y en a trois.

Conjugaison pronominale

« La jeune femme s'est sentie la force de résister. » Accord incorrect. Il faut écrire : *la jeune femme s'est senti la force,* etc. La conjugaison pronominale avec l'auxiliaire *être* est soumise à la même règle d'accord que la conjugaison ordinaire avec l'auxiliaire *avoir* : le participe passé du verbe au temps composé s'accorde avec le complément direct s'il en est un qui soit placé avant le verbe, mais demeure invariable en toute autre circonstance. Ici, le complément direct, *force,* est placé après le verbe. Mettre à *senti* un *e* final, marque du féminin, serait l'accorder avec *s'* (pronom personnel représentant le sujet du verbe : la jeune femme); erreur manifeste, puisque *s'* est seulement complément indirect (où la jeune femme a-t-elle senti la force de résister ? – en soi, le pronom *soi* devenant *se* en forme réfléchie et se contractant en *s'* par élision devant une voyelle). Exemple analogue : « elle s'est jurée de venger son honneur. » Ici, c'est toute une proposition dominée par un infinitif (donc, de toute façon, élément neutre en matière d'accord) qui est complément direct (elle s'est juré quoi ? – de venger son honneur), et qui vient après le verbe. Mais cette position postérieure au verbe n'a en l'occurrence qu'une importance secondaire, puisqu'une proposition, dépourvue de genre, est forcément neutre en matière d'accord. Il faut donc écrire : *elle s'est juré de venger son honneur.* Le pronom *s'* (= elle) ne joue aucun rôle pour un éventuel accord, étant complément indirect (à qui a-t-elle juré ? – à soi [*s'*]).

Autre exemple : « Elle s'est rendue compte de son erreur. » Mais pas de son erreur grammaticale, sinon elle se serait abstenue d'accorder *rendu* ! Il faut écrire : *elle s'est rendu compte de son erreur.* L'expression *se rendre compte* implique, à la conjugaison, l'invariabilité du participe passé; elle ne peut avoir que des compléments indirects (y compris *se,* qui signifie ici *à soi*); le mot *compte,* partie intégrante de la locution, même s'il était considéré comme un complément direct, ne peut jouer aucun rôle d'accord puisqu'il est placé après le verbe; étant du genre masculin, il n'en saurait du reste jouer aucun dans le cas présent.

Dernier exemple de ce genre, où le complément direct est un substantif, placé après le verbe : « les deux amies se sont tenues la main ». Il faut évidemment : ... *se sont tenu* (quoi ?) *la main.* Si le complément direct *main* précédait le verbe, il faudrait au contraire accorder : *la main qu'elles se sont tenue* (et non « tenues ») ou, pour suggérer une phrase plus vraisemblable : *l'excuse qu'elles se sont donnée* (et non « données »), car c'est *main,* ou *excuse,* qui entraîne l'accord, tandis que *elles* est sujet et *se* complément indirect, donc tous deux sans effet sur l'accord : à qui ont-elles donné cette excuse ? – à soi, à elles-mêmes, à *se.*

Voici maintenant un exemple erroné avec l'auxiliaire *avoir* : « ces colères que sa bru avait apprises à redouter ». Il faut, naturellement : ... *avait appris,* etc. Raisonnement identique à celui qui est développé plus haut pour l'exemple pronominal « *elle s'est juré...* » Là encore, le complément direct est une proposition (appris quoi ? – à redouter). *Appris* ne peut s'accorder ni avec *bru,* qui est le sujet du verbe *apprendre* conjugué au plus-que-parfait de l'indicatif, ni avec *que* (= *ces colères*), qui est bien un complément direct placé avant le verbe, mais complément du verbe *redouter* à l'infinitif, donc sans effet sur le participe passé du verbe *apprendre.*

Participe passé + infinitif

« ... ceux d'entre eux [les banlieusards] qui, chaque jour, se déplacent entre la gare du Nord et les banlieues du même secteur se sont vus remettre [...] des formulaires d'une grande précision. » (Relevé dans un quotidien parisien du 19 mars 1986.) Erreur quant à l'accord : si ces voyageurs s'étaient « vus remettre » des formulaires, cela signifierait qu'eux-mêmes les auraient distribués autour d'eux. Or tel n'est point le cas : c'est à eux qu'on a remis ces documents, donc ils se les sont « *vu remettre* » par autrui, en l'occurrence par les cheminots. Analysons.

Le verbe *voir* est au passé composé sous la forme pronominale avec l'auxiliaire *être* et suivi d'un infinitif; il est essentiel de distinguer qui fait l'action que cet infinitif exprime; est-ce le sujet du verbe principal ? Dans notre exemple, si c'est ce sujet-là qui se voit en train de remettre des formulaires, il faut accorder. Si, au contraire, il subit cette action, si c'est à lui qu'on remet ces imprimés, on n'accordera pas. Notre citation ne laisse place à aucun doute : il est clair que le non-accord du participe passé s'impose, puisque les voyageurs jouent un rôle passif : *ils se sont vu remettre des formulaires*, dont il faut espérer qu'ils feront bon usage.

Pour acquérir l'automatisme de l'accord du participe passé suivi d'un infinitif (accord très important pour la valeur communicative de l'écrit), le moyen mnémonique le plus sûr est celui que nous avons mentionné dans notre ouvrage *le Français pratique* (Solar éd., 1979), et que nous résumons : remplacer mentalement l'infinitif[1] par le participe présent; si la phrase ainsi modifiée garde son sens, on accorde : *elles se sont senties* – ou *vues* – *mourir* (mourant); ce sont elles qui meurent, donc le participe passé du verbe *sentir* – ou du verbe *voir* – s'accorde; mais il ne s'accorde pas si la substitution du participe présent à l'infinitif altère ou contredit le sens de la phrase; exemple : *elles se sont vu refuser l'entrée du cinéma* – on ne peut pas dire « refusant », puisque c'est à elles qu'on refuse l'entrée.

Le cas offre une analogie avec ce qui est de règle pour l'accord du participe passé conjugué avec l'auxiliaire *avoir,* où l'on écrit : *les commerçantes que j'ai vues vendre* (elles vendent leurs marchandises; ce sont elles, sujet du verbe, qui font l'action), mais : *les esclaves que j'ai vu vendre* (on les vend, ils subissent l'action exprimée par le verbe). Là encore on peut employer le procédé mnémonique indiqué plus haut : *les commerçantes que j'ai vues vendant* – le sens de la phrase demeure intact, alors qu'on ne peut pas dire : « les esclaves que j'ai vus vendant ». Ainsi écrira-t-on : *les navets que j'ai vu vendre sur le marché*, mais : *les marchandes que j'ai vues vendre leurs oignons et leurs choux-fleurs*. L'action est contenue dans l'infinitif; si le sujet la fait : accord; si le sujet la subit : invariabilité.

Plus... que prévu

« Les conditions de ce transport sont plus difficiles que prévues. » Une faute analogue a pu être relevée dans un quotidien parisien du soir daté du 30 avril 1986. Faute, car *prévu* doit ici rester invariable comme faisant partie d'une phrase sous-entendue dont le régime est impersonnel : *les conditions de ce transport sont plus difficiles que* [cela n'était] *prévu* (ou : *qu'*[il n'était] *prévu*). Toutes les phrases construites sur ce modèle exigent *prévu* invariable : *Émilie est arrivée plus tard que prévu; Les inondations ont causé moins de ravages que prévu.*

---

1. Et non, bien entendu, « le participe passé », comme un *lapsus calami* l'a fait imprimer dans l'ouvrage cité.

acompte / arrhes

Cette confusion est souvent sans conséquence parce que, dans les transactions infimes, on verse des *arrhes* à titre d'*acompte*. Quand l'affaire est plus importante, il convient d'employer le mot propre.

Un ***acompte,*** selon le Code civil, est un premier versement pour une commande ferme. Vous avez versé, vous serez servi. Si l'on ne vous sert pas, on doit vous rembourser. Si c'est vous qui vous ravisez, non seulement vous perdez votre acompte, mais encore on peut exiger que vous acceptiez ce que vous avez commandé, au prix dont vous étiez convenu avec la personne qui devait vous le livrer, votre acompte venant alors en déduction du règlement définitif. Si vous refusez la livraison bien qu'elle soit conforme à votre commande, vous pouvez être astreint à une indemnisation.

Les ***arrhes*** sont versées de la même façon qu'un acompte, mais, vous qui les avez déboursées, vous avez le droit de changer d'avis et d'annuler votre commande; vous perdez simplement l'argent que vous aviez remis d'avance. On ne peut plus rien exiger de vous, mais faites une croix sur votre versement initial. Si c'est l'autre partie qui se dédit, elle doit vous rendre vos arrhes... multipliées par deux!

Longtemps fut en vigueur en France le système des *louées* dans le monde rural de certaines régions. En général, la louée avait lieu deux fois par an : à la Saint-Jean d'été (24 juin) pour la saison des moissons et à la Toussaint pour les « huit mois ». Patrons et employés se rencontraient sur le foirail ou sur la grand-place du bourg. Laboureurs, valets de ferme, vachers, bergers, cuisinières, cherchaient à se louer pour le temps convenu; les patrons faisaient des offres, on négociait. L'accord était scellé par des *arrhes* que le patron – maître de domaine ou fermier – versait à l'ouvrier ou à l'ouvrière, ou encore au couple, car beaucoup de ménages se louaient de façon à rester ensemble. Celui qui avait reçu des arrhes devait être à l'ouvrage le surlendemain au plus tard. Si le patron, dans l'intervalle, s'était ravisé et avait engagé à votre place quelqu'un d'autre qui, pour une raison quelconque, lui convenait mieux, vous étiez renvoyé à la case départ sans pouvoir élever de contestation, mais vous gardiez la somme qu'on vous avait remise à titre d'arrhes : elle vous appartenait. Si, au contraire, c'était vous qui aviez, au cours de la louée, trouvé un autre patron, plus généreux ou plus agréable, vous deviez en avertir le premier employeur et lui rendre l'argent, sinon vous étiez passible (voir ce mot page 170) de poursuites pour escroquerie aux arrhes. Les conventions obtenues à la faveur de l'action syndicale ont corrigé ce droit coutumier ancien des régions agricoles.

Remarques : 1° Bien noter que le mot *acompte,* n. m., ne prend qu'un *c*; 2° noter l'orthographe de *arrhes,* qui est du genre féminin et s'emploie uniquement au pluriel.

« acquis (communauté réduite aux) »

Elle n'est pas réduite « aux acquis », mais *aux acquêts*, la pauvre communauté! Les *acquêts* sont les biens acquis par un des époux depuis qu'ils sont mariés, et qui se sont joints à la masse commune. La langue du droit, c'est aussi du français! Mais pourquoi ces deux formes si semblables et si propices aux confusions? L'ancien français ne connaissait qu'*acquêt,* issu de la forme latine populaire (et fautive) *acquaesitum.* La réaction savante de la fin du Moyen Âge a imposé *acquis,* tiré de la forme classique *acquisitum.*

« actuel pouvoir (l') »

Au temps de Littré, qui le mentionne, l'adjectif *actuel* devait obligatoirement suivre le substantif. Il est vraisemblable que Chateaubriand, ou Balzac, aurait écrit : *le pouvoir actuel.* Peu à peu, on s'est accoutumé à libéraliser la doctrine, et rares ont été les lecteurs qui ont vu un inconvénient à ce qu'un auteur plaçât l'adjectif avant le nom quand le contraire était quelque peu embarrassant. Par exemple, il paraissait normal que l'on écrivît : « l'actuel président de la République française », plutôt que *le président de la République française actuel*, ou même que *le président actuel de la République française.* En effet, cette dernière formulation coupe en deux parties le titre du président en exercice, tandis que la précédente intercale un déterminatif et un adjectif féminin entre *président,* substantif, et *actuel,* adjectif, l'un et l'autre masculins; deux formulations, au demeurant,

PERCEPTEUR
ACTUEL

parfaitement correctes, mais l'une et l'autre affectées d'un trait légèrement gênant que le purisme peut toujours être amené à critiquer. La tolérance accordée à ce cas particulier s'est étendue à tous les cas, et, l'anglomanie aidant, il s'est instauré une véritable habitude de mettre *actuel* devant le nom qu'il qualifie, alors même que cela n'est nullement nécessaire et qu'il n'en résulte aucun avantage. Il s'ensuit que la radio, la télévision et la presse ne parlent plus que de « l'actuel pouvoir », « l'actuel président », « l'actuel régime », « l'actuelle position » adoptée par tel ou tel parti. Pourtant, *le pouvoir actuel, le président actuel, le régime actuel, la position actuelle* du parti dont il s'agit, sont plus euphoniques et plus conformes à l'usage élégant du français. À divers égards, Littré, malgré ses cent ans d'âge bon poids, est peut-être plus... *actuel* que certains ne sont enclins à le croire!

afférent à

« Ils souffrent d'un complexe afférant à leur condition subalterne. »
Formulation qui laisserait supposer qu'il existe un verbe « afférer », normalement conjugable au participe présent : « afférant ». Or, il n'en est rien : le verbe « afférer » n'existe pas; impossible, donc, de le conjuguer. Ce qui existe bien, c'est l'adjectif *afférent,* avec un *e* dans sa terminaison : *ce sont là des nécessités afférentes à la crise actuelle.* La phrase donnée ci-dessus en... mauvais exemple doit être ainsi redressée : *ils souffrent d'un complexe afférent à leur condition subalterne.*

« agonisé de sottises »

« Je l'ai agonisé de sottises. » Il y a erreur sur le verbe. La personne qui s'exprime (mal) de la sorte a voulu dire : *je l'ai agoni de sottises*, c'est-à-dire accablé d'injures. *Agonir* peut s'employer au sens absolu : *je l'ai agoni*, c'est-à-dire insulté. À l'imparfait de l'indicatif : *j'agonissais*, avec deux *s*, le verbe étant du deuxième groupe. La confusion dont résulte la locution vicieuse ci-dessus est due à la paronymie avec le verbe *agoniser,* du premier groupe, qui signifie *être mourant* (à l'imparfait : il *agonisait,* un seul *s*). Au participe passé : agonir, *agoni;* agoniser, *agonisé.* La confusion entre les deux conjugaisons a été relevée

chez Maupassant, à qui il est arrivé d'écrire « agonisait » pour *agonissait* dans l'emploi du verbe *agonir.*
Le mimétisme qui affecte ces deux verbes remonte au Moyen Âge. L'étymologie d'*agoniser* est parfaitement claire : c'est le latin chrétien *agonizare,* imité du grec *agônizesthai,* lutter, se débattre. Celle d'*agonir* est moins sûre. On suppose qu'il s'agit de l'ancien verbe d'origine germanique *ahonnir,* insulter, déshonorer, devenu *agonir* sous l'influence du mot *agonie,* substantif correspondant à *agoniser.*

« alacrité (son), sa mauvaise humeur »

Mais non! L'*alacrité,* au contraire, c'est une humeur enjouée, avec un air de bienveillance. D'où vient que ce mot soit parfois pris à contresens? Probablement en raison de sa paronymie (très relative) avec *âcreté, acrimonie,* qui sont précisément à l'opposé de sa signification. L'étymon latin, *alacritas,* veut dire *gaieté, vivacité, ardeur.*

« à Le... »

Certaines personnes s'imaginent que lorsque l'article *le* (pluriel *les*), faisant partie d'un nom propre, porte la capitale, il ne souffre pas la contraction. C'est une erreur. Il est obligatoire de dire : *je vais au Blanc, au Havre, au Mans; je suis né aux Lilas, aux Pavillons-sous-Bois, aux Salins-d'Hyères*, et non « je vais à Le Blanc, à Le Havre, à Le Mans; je suis né à Les Lilas, à Les Pavillons-sous-Bois, à Les Salins-d'Hyères ». La contraction se fait au masculin singulier (*au Blanc-Mesnil*), ainsi qu'au pluriel pour les deux genres (*aux Baux-de-Provence, aux Grandes-Armoises*). Il n'y a pas de contraction pour le féminin singulier (*aller à La Baule*). La majuscule à l'article est aujourd'hui d'usage absolu pour les entités administratives, mais les textes moins récents (jusqu'au début du XXe siècle) portent une initiale minuscule, encore employée pour les sites et les simples lieux-dits (*à la Haie-Sainte*).

« alternatives (choisir entre deux) »

Une *alternative* est une situation créée par l'existence simultanée de deux possibilités entre lesquelles il y a lieu d'opérer un choix. Exemple : *On m'a offert une place à Paris et une autre dans le Midi; que décider dans cette alternative?* On n'a donc pas à opter « entre deux alternatives », mais bien entre les deux termes d'une seule et même alternative. Certes, deux alternatives peuvent se produire en même temps; par exemple, un célibataire peut à la fois hésiter entre deux emplois et, voulant se marier, entre deux jeunes filles; il s'agit là d'une coïncidence qui ne l'oblige nullement à choisir « entre deux alternatives », car il doit les affronter toutes les deux, c'est-à-dire choisir entre les deux termes de chacune d'elles, indépendamment l'une de l'autre.
Ce qui précède risque d'étonner beaucoup de lecteurs, attendu que, de plus en plus, les dictionnaires admettent désormais *alternative* au sens abusif que nous indiquons ci-dessus, et aussi dans l'acception de « solution de rechange ». Cette évolution, surtout journalistique et favorisée par l'influence de l'anglais, n'est pas de celles qui améliorent la communication; tout au plus s'y peut-on résigner le jour où la contrarier devient impossible ou illusoire.

Ne pas confondre avec ***dilemme***. Tout dilemme est une alternative, mais toute alternative n'est pas un dilemme. Cf. le dilemme du Cid : tuer le père de Chimène ou se déshonorer en ne vengeant pas son propre père... Dans un dilemme, les termes de l'alternative entraînent tous des conséquences fâcheuses, alors que dans une alternative une au moins des solutions est favorable : *Vaincre ou mourir*. Ne pas écrire « dilemne »!

« amène-moi mon béret! »

Amener se dit correctement pour les personnes ou animaux que l'on conduit à destination, et pour les choses que l'on tire à soi ou que l'on *mène* à quelqu'un sans toutefois les tenir ou les porter. Ce n'est pas le cas du béret qu'on a oublié de prendre; il faut dire à la personne complaisante à qui l'on s'adresse : *Apporte-moi mon béret!* Mais, si l'on commande 100 kilos de pommes de terre, on dira licitement : *Amenez-les-moi avant jeudi*, attendu que le commerçant vous les livrera sans doute dans sa camionnette. C'est seulement quand vous verrez le livreur monter le sac sur son dos que vous pourrez lui dire : *Portez-les ici dans la soupente.*

amodiation

« Le projet de loi a été adopté après quelques amodiations. » On a pu lire cela en première page d'un quotidien d'audience internationale. Or, quelle *amodiation* est-on capable d'apporter à un projet de loi ? L'*amodiation,* c'est, vous dira le Petit Larousse illustré de 1986, l' « exploitation d'une terre ou d'une mine moyennant une redevance périodique »! Il est évident que ceux qui emploient ainsi ce mot à contresens veulent dire *amendement,* ou *modification,* ou *amélioration.* Mais sûrement pas « amodiation », puisque ce mot ne désigne rien d'autre qu'un bail rural ou une concession du sous-sol, comme tous les dictionnaires enseignant le bon français vous le confirmeront.

Notons que le faux sens a vu le jour à la tribune de l'Assemblée nationale au temps de la IVe République.

AMPHIBOLOGIE

Très bien définie par A. de Wailly, l'*amphibologie* est le *double sens d'une phrase mal construite.* Celui qui a écrit une telle phrase n'a pas pris garde à un piège que lui a tendu la langue; soit par le choix malencontreux d'un mot, soit par un arrangement trompeur des termes employés, il a dit, certes, ce qu'il voulait dire, mais aussi autre chose qui en est souvent le contraire.

« Les Algériens veulent diversifier leur matériel, ne veulent plus acheter que du soviétique » (Claude Angeli, *le Canard enchaîné,* 26 février 1986). À la lecture de cette phrase, on peut comprendre deux choses opposées. Ou bien les Algériens, qui ont déjà du matériel américain, français, britannique, etc., veulent le diversifier encore, et n'achèteront désormais que du soviétique, afin d'en accroître la variété. Ou bien, déjà saturés de matériel soviétique, ils se refusent à n'acheter que de celui-ci dorénavant, et s'en procureront d'autre provenance. Il est à présumer que c'est cette seconde interprétation qui est la bonne; mais, pour être clair, pour que toute *amphibologie* disparaisse, il fallait écrire : *Les Algériens veulent diversifier leur matériel, ne veulent plus acheter seulement* (ou : *uniquement*) *du soviétique.*

Le piège tendu par la langue est ici fort subtil : *Quand je serai grand, je ne mangerai que des gâteaux* se met très facilement à la forme négative en ajoutant *pas* : *Quand je serai grand, je ne mangerai pas que des gâteaux.* Mais remplacez *ne... pas* par *ne... plus*, et la négation disparaît de nouveau : *Quand je serai grand, je ne mangerai plus que des gâteaux.*

« Pierre a demandé à Jean quel jour sa fille devait venir le voir. » C'est le type même de la phrase amphibologique : est-ce la fille de Pierre qui doit aller voir Jean, ou la fille de Jean qui doit rendre visite à Pierre ? Un texte ainsi rédigé nous maintient dans l'incertitude si nous ne sommes pas au courant de la situation familiale des deux amis. Il faut, en écrivant, porter une grande attention à l'attribution des adjectifs possessifs de la troisième personne (*son, sa, ses, leur, leurs*). Dans une même phrase, n'en pas faire figurer deux (ou plus) qui risquent de s'appliquer à des personnes différentes quand une confusion peut en résulter (ex. : « Gaby vit sa voisine s'asseoir à sa place » – la voisine occupe-t-elle sa propre place, tout normalement, ou usurpe-t-elle la place de Gaby ?... un doute subsiste !).

Angleterre ou **Grande-Bretagne** ?

Ces deux termes ne sont pas toujours interchangeables. « C'était un Anglais, d'Édimbourg précisément... » *Anglais* n'est pas synonyme de *Britannique*, et la phrase ci-dessus mentionnée ne saurait être correcte que si l'auteur parle d'un citoyen originaire de l'Angleterre mais résidant dans la « Vieille Fumante », c'est-à-dire la capitale de l'Écosse : Édimbourg. En revanche, c'est une faute, un crime !, que de traiter d' « Anglais » un authentique fils d'Écosse...

Certes, la plupart des dictionnaires – tel le Grand Larousse de la langue française – entérinent *anglais(e)* au sens de « *qui est originaire de la Grande-Bretagne ou qui y habite* » conjointement avec l'acception restrictive « *qui est propre à l'Angleterre* ». Cela est dû, bien sûr, au fait que le royaume porta le nom d'*Angleterre* jusqu'à la signature de l'Acte de 1707 qui scella l'union de l'Écosse et de l'Angleterre, et impliquait l'apparition de l'expression « royaume de Grande-Bretagne ».

L'union de la Grande-Bretagne et de l'Irlande, en 1800, entraîna ensuite l'adoption de la dénomination officielle de « Royaume-Uni de Grande-Bretagne et d'Irlande », que la sécession de l'Irlande du Sud devait faire modifier en 1923 : depuis le 1er janvier de cette année-là, le titre officiel du royaume est : Royaume-Uni de Grande-Bretagne et d'Irlande du Nord.

Dans la plupart des cas il ne sera donc pas bien condamnable d'employer *anglais* quand *britannique*, rigoureusement, s'impose. Toutefois, on se gardera de parler d'*Anglais* quand il s'agira d'une personne née à Belfast. D'ailleurs, il n'est pas sûr que les citoyens de l'Ulster (autre nom de l'Irlande du Nord), quand bien même seraient-ils de loyaux sujets de Sa Majesté, acceptent tous de se voir désigner autrement que par le terme d'« Irlandais »... Même *Britannique* pourrait être refusé par ces enfants de la verte Erin.

Pour éviter d'induire en erreur ses auditeurs ou ses lecteurs, on s'abstiendra absolument de parler d'*Angleterre* lorsque le lieu-dit ou la ville qu'on veut situer dans l'esprit d'autrui se trouve au nord du pays de Galles, en Écosse, dans les îles Shetland... ou en Ulster !

De même, il serait contestable de se servir du terme *Anglais* pour parler des joueurs de l'équipe de football du pays de Galles ou des membres du quinze de l'Irlande au sein du Tournoi des Cinq Nations (ladite équipe d'Irlande comprenant des joueurs venant aussi bien de l'Eire que de l'Ulster !). – Nous nous abstiendrons de commenter le fameux « *fair play* » britannique, qui, dans des sports tels que le football ou le rugby, entre autres, revêt plutôt l'aspect d'un système byzantin et astucieux permettant la participation de plusieurs équipes... du Royaume-Uni (équipes d'Angleterre, du pays de Galles, d'Écosse, d'Ulster... Nos malins Britanniques n'ont pu imposer d'équipe de l'île de Man ou des Hébrides, tout de même !).

Il va de soi que le mot *anglais(e)* figurant dans des expressions, populaires ou non, d'usage courant ne doit pas être remplacé par *britannique*. Ainsi, on ne dira jamais : « Garçon, deux assiettes britanniques ! », ni que le politicien hué a « filé à la britannique » ; toujours dans le domaine culinaire, ce sont bien des pommes *à l'anglaise* qui seront proposées...

On apprend bien l'*anglais* à l'école, pas le « britannique » ; la petite fille est bien fière de ses *anglaises* ; cet imprimeur utilise fréquemment l'*anglaise* pour composer des travaux telles les cartes de visite, et, s'il est consciencieux,

HÔTEL
D'ANGLETERRE

il mettra entre guillemets *anglais* (" ... ") des citations intérieures dans une citation normalement délimitée par des guillemets français (« ... »). Jadis, on dansait l'*anglaise*, et l'on achète toujours des chevaux *anglo*-arabes ou *anglo*-normands. Les Français, en grand nombre, visitent les îles *anglo*-normandes (ou : archipel *Anglo*-Normand), etc. En sens inverse, jamais on ne dira ou écrira : les « îles anglaises » pour les *Iles Britanniques*!

On ne devra pas être surpris de trouver, dans des ouvrages traitant de l'histoire de la Bretagne, le terme *Britto-Anglais*... C'est le cas, par exemple, quand on parle du très fameux « combat des Trente » qui en 1351, entre Ploërmel et Josselin, opposa Anglais et Bretons partisans des Montfort à des Bretons partisans de Charles de Blois, neveu de Philippe VI de Valois. Les premiers sont donc parfois désignés par *Britto-Anglais*; les seconds, par *Britto-Français*. *Britto-* pour *Bretons*, et non pas pour *Britanniques*...

Cette distinction parfois nécessaire entre *Angleterre* et *Grande-Bretagne*, entre *Anglais(e)* et *Britannique*, est à rapprocher de la différence qu'il faut parfois faire entre *Hollande* (et *Hollandais*[*e*]) et *Pays-Bas* (et *Néerlandais*[*e*]). Voir : ***Hollande** ou **Pays-Bas ?***, p. 131.

ANGLICISMES (et autres apports extérieurs)

La xénophobie linguistique est haïssable. Aucune langue – aussi bien qu'aucune race – n'est pure. Et qu'entend-on au juste par pureté? Toutes les langues charrient des matériaux de provenance hétéroclite. Il en va ainsi du français; les mots qui le composent sont pour la plupart des avatars (voir ce mot, p. 52) résiduels du latin, du grec, du gaulois, des franciques, avec des apports locaux, régionaux, allogènes, exotiques, si nombreux que leur identification constitue à elle seule toute une science. Non seulement on ne peut guère contrarier la migration des mots qui viennent s'incorporer au français, mais encore il est peu souhaitable de s'y opposer. À notre époque de circulation ouverte des hommes, des choses et des idées, une interpénétration des langues est inévitable. D'ailleurs, le phénomène se circonscrit presque uniquement à des transferts et adoptions de mots; il ne touche que très modérément aux structures des langues, encore moins à leur génie propre; leurs grammaires et leurs syntaxes restent à peu près intactes. Chaque annexion de mots étrangers est une source d'enrichissement. Les langues ayant une tendance naturelle à s'affaiblir par la consanguinité, il n'est pas mauvais qu'un sang nouveau leur soit injecté quand un usage intensif anémie leur vocabulaire. Mais il ne faut pas que l'afflux des mots étrangers tourne à l'invasion, sinon le fonds même de la langue risque de s'en trouver altéré. C'est la menace qui guette le français s'il ouvre les vannes, comme il semble près de le faire, à un débordement d'anglicismes et d'américanismes, souvent inutiles, détournés à l'occasion de leur vrai sens, et parfois ridicules dans une prononciation qui les déforme.

Encore une fois, ne crions point haro sur l'apport extra-hexagonal. *Le Spleen de Paris* (Baudelaire), le *fair play*, une *interview*, un *match*, un *shampooing*, cela parle d'une autre façon que leur équivalent présumé en pur français; s'il est question d'Italiens ourdissant des *combinazioni*, on entrevoit mieux leur genre d'activité que si l'on employait « combinaison » ou « intrigue »; en revanche, il n'y a plus d'intérêt à laisser « condottiere » à l'italienne alors que le mot *condottière* est de longue date assimilé. Pour en revenir à l'anglais, qui tend à répandre partout une pluie de mots souvent incompris ou pris à contresens, une discipline volontaire chez les francophones serait bienvenue pour en filtrer l'expansion, car une vogue abusive en a surchargé le français.
Enfin, ne prêtons pas non plus le flanc à la risée – même injuste – en inventant à l'anglais des homologues greffés sur des racines démodées; souvenons-nous de l'échec du mot *bouteur* (du verbe ancien *bouter*, chasser; cf. *bouteroue*, *boutoir*) par quoi l'Administration a tenté en vain de remplacer *bulldozer*.

Souvent, le français n'emprunte un mot étranger que dans l'une de ses acceptions; ainsi le mot *film* adopté pour le cinéma (invention française), tandis que *pellicule* est choisi pour la photographie non animée; de même *star*, au sens de *vedette*, alors que le mot *étoile* continue, bien entendu, sa brillante carrière. Comme le sport, le cinéma a beaucoup contribué à faire entrer des mots anglais dans le français; Robert (1953) a francisé *caméraman* (mais non Larousse) au moyen d'un accent aigu, sans que le mot *opérateur* ait pour autant disparu; on a dit une *vamp*, mais *femme fatale* est resté en usage; quant au mot *star* cité plus haut, il a bourgeonné en français pour former *starlette*[1], francisation du mot américain homophone. La *caméra*, nantie de son accent aigu incontestablement français, découle aussi bien de l'anglais, du latin et de l'italien (sens universel : *chambre*); du reste, de la même racine, notre langue a tiré *camérier*, *caméristе*, et même, ne l'oublions pas, *camarade* : compagnon de chambrée. Pour le mot *cinéma* lui-même, nous n'avons rien demandé aux Anglais, qui disent *the movies*, mais tout pris aux anciens Grecs, puisque *cinématographe* – abrégé ensuite par apocope en *cinéma* – est formé de deux racines helléniques : *kinématos*, mouvement (qu'on retrouve dans *kinésithérapie*), et *graphein*, écrire. Est-il plus répréhensible d'emprunter aux vivants qu'aux morts ? Ajoutons que les mots anglais que nous annexons ne sont pas nés par génération spontanée : leur origine rejoint parfois celle de notre propre langue, et certains nous sont même revenus à la façon d'autant de boomerangs, par exemple *budget*, issu de l'ancien français *bougette*, sac de trésorier.

Il en va du langage des courses de chevaux comme de celui du cinéma : des mots tels que *jockey*, *lad*, *paddock*, *turf*, etc., se sont insérés dans le français aussi bien que des termes greffés sur l'ancien grec comme *hippisme*, ou épanouis sur le latin comme *équitation*, et sur le gaulois comme... le mot *cheval* lui-même.

Nous n'énumérerons pas les vocables ou les locutions d'origine étrangère que nous considérons comme licites : les dictionnaires les ont justement accueillis. Une *corrida* (de l'espagnol), un *ersatz* (de l'allemand), un *iceberg* (du norvégien; prononcer [*iss'berg*], et non pas « aïss'berg »), un *almanach* (de l'arabe), le *chocolat* (de l'aztèque), la *commedia dell'arte* (de l'italien, avec le sens de « comédie de fantaisie »), ont cessé d'être la propriété des langues d'origine pour devenir, entre autres, français. Mais nous donnerons quelques exemples d'anglicismes inutiles ou évitables.

« Sophistiqué ».

L'emploi de cet adjectif est devenu un véritable tic. Un spectacle, un moteur, une coiffure, un article de loi, une plaidoirie, un monument, un livre, un scénario, une

1. Cf. *kitchenette*, de *kitchen*, cuisine. Le Guide Michelin a adopté *cuisinette*... Pourquoi pas ? Dans les trains canadiens, on appelle *dormettes* les petites chambres dotées d'un lit escamotable.

prévision météorologique, un fourneau de pipe, un tableau, un engin spatial, un jeu d'argent, sont dits « sophistiqués » dès qu'ils présentent une certaine complication, complexité, subtilité, abondance de détails. Le plus souvent, le mot est pris au sens de « détaillé, compliqué, perfectionné » : *le tableau de bord d'un Boeing 747-300 est très sophistiqué.* Il n'y aurait pas grand mal à accueillir ce sens néologique (venu de l'américanisme *sophisticated*) si, d'une part, il n'en était pas fait un abus qui menace de le dévaloriser, et si, d'autre part, le vieux sens français ne s'en trouvait pas, du même coup, détruit; or, en français, et de très longue date (1484 selon Robert), *sophistiqué*, adjectif et participe passé, signifiait « frelaté » : *du vin sophistiqué nous arrive souvent d'un pays voisin.* Sapée par le sabir atlantique, l'acception originelle ne sera bientôt plus comprise que des archaïsants.

« Nominer ».

C'est surtout à l'occasion de remises de prix, de décorations, de distinctions de tout ordre que ce verbe a été imité de l'anglais *to nominate*, désigner, et de son dérivé *nominee*, le candidat désigné, le lauréat. Or « nominer » est tout à fait inutile. Celui à qui l'on remet une médaille aux jeux Olympiques ou un oscar lors de la distribution n'a aucun besoin d'être « nominé ». Il a été *nommé*, *désigné*, *promu*, *honoré* d'une distinction, *primé*, *couronné*, etc., voilà qui devrait suffire. – Notons que, pour la seule Légion d'honneur, l'usage est d'être *nommé* chevalier, *promu* officier ou commandeur, *élevé à la dignité* de grand officier (sans trait d'union) ou de grand-croix (avec trait d'union). Voilà qui dispense d'être « nominé »!

« Générer ».

Le cas est le même que pour l'affreux « nominer ». Il s'agit d'une adaptation assez piètre du verbe anglais *to generate*, qui signifie *engendrer*. À quoi sert « générer »? Simplement à faire oublier qu'il existe en français un verbe *engendrer*; car il y a superposition exacte des deux acceptions, donc inutilité manifeste de créer un verbe « générer ».

« Look ».

Même si l'on admet l'emprunt à l'anglais de ce vocable bref et expressif, il faut reconnaître que la vogue qu'il rencontre est en grande partie due à la dépréciation des

l'Italien
l'Anglais
l'Espagnol
le Français
"RACINE"
où es-tu?

mots français plus ou moins équivalents ou correspondants : *l'air*, *la figure*, *l'image*, *la mine* (*the good looks*, c'est la bonne mine), *l'image de marque* (au figuré), c'est-à-dire *l'impression* générale que l'on donne de sa personne, *l'effet* qu'on produit, *l'apparence*; en langage populaire : *la gueule*. S'approprier le mot *look* n'est pas un acte répréhensible dès lors que... les Anglais n'y voient aucun inconvénient; on peut seulement recommander d'en modérer l'emploi, de peur de le voir se déprécier vite à son tour...

Il a souvent été dit que traduire, c'est trahir; et aussi qu'on n'est jamais trahi que par les siens. L'anglais abonde en faux amis qui nous veulent du bien et nous font du mal; la perfidie d'Albion est surtout linguistique! Beaucoup de mots anglais ressemblent, au moins graphiquement, à des mots français et signifient tout autre chose; des traducteurs du dimanche s'y laissent parfois prendre. On sait que Jean Dutourd a relevé sur une taverne cette enseigne : « Tart'Inn », inventée par quelqu'un que l'homophonie avec *tartine* avait séduit et qui avait trouvé ingénieux d'accoler *tart*, tarte, et *inn*, auberge; ignorant sans doute que *tart*, pour les Américains, veut dire aussi *prostituée*. On a vu également un salon de coiffure surmonté de l'enseigne « Lavatory », qui désigne certes un cabinet de toilette mais bien plutôt les toilettes... Voici encore quelques exemples :

« À 100 km de la mer, la crique était très peu profonde; on pouvait la franchir à gué. » Drôle, n'est-ce pas, cette crique (petite baie où les bateaux viennent s'abriter) à 100 km du littoral? Erreur de traduction due à l'homophonie : il s'agit d'un *creek*, un de ces torrents américains, parfois aurifères, qu'on rencontre dans Jack London. Comme *crique*, baie, fait également *creek*, en anglais, le traducteur, travaillant en hâte (mal payé, peut-être!), a confondu...

« Il devait faire ses courses lui-même, car il était bachelier. » Tiens, pourquoi? Un bachelier serait-il tenu d'aller lui-même courir les magasins, faire son *shopping*? Non : le traducteur a simplement interprété *bachelor* par « bachelier », alors qu'il fallait traduire par *célibataire*.

« La jeune fille nous accueillit avec beaucoup de relief. » Quel relief la belle jeune fille a-t-elle bien pu mettre en avant pour nous accueillir? En réalité, c'est de *soulage-*

ment qu'il s'agit ; ce mot se dit *relief* en anglais. Elle nous accueillit donc *avec beaucoup de soulagement*. Rien à voir avec je ne sais quels charmes rebondis, féminins et juvéniles.

« Il fut guéri par un surgeon. » En français, un *surgeon*, c'est un rejet végétal, une pousse nouvelle sur une racine. La première idée qui vient à l'esprit est que l'intéressé a été soigné victorieusement grâce à une décoction de surgeons prélevés sur une plante médicinale par un herboriste ingénieux. Pas du tout : en anglais, un *surgeon*, c'est un chirurgien. Notre homme a été remis sur pied non par une médecine douce, mais par le bistouri.

« L'offensive déclenchée par le général Staff tourna court. » On a cherché en vain dans les dictionnaires et les *Who's who* les coordonnées de ce général Staff, qui, dans les ouvrages militaires rédigés en anglais, figure à la fois chez les alliés et chez les ennemis. S'agirait-il de deux homonymes, de deux frères peut-être ayant opté pour des camps différents ? Nullement : c'est une mauvaise traduction de *General Staff*, qui veut dire état-major général ; et, naturellement, un état-major général, il y en a un dans toutes les armées, donc au moins deux quand elles sont face à face !

Notons, dans une publicité, la réclame faite pour des « shorts courts » ! Évidemment, la chose existe, et il faut bien pouvoir la nommer. Mais, sachant que *short* est le mot anglais qui signifie « court », la juxtaposition des deux termes n'en a pas moins un petit cachet pléonastique des plus plaisants...

L'indispensable défense du français ne doit pas servir de prétexte à farder une réalité sérieuse : les emprunts réciproques que se font les langues résultent d'une nécessité. En particulier, l'internationalisation de nombreux termes anglais facilite la communication dans les sciences, les techniques, l'industrie. Un seul exemple : la sidérurgie a intégré les mots *bloom*, *blooming*, *slabbing*. Rien ne serait plus facile que de les traduire en français (comme on pourrait aussi, à la limite, par phobie du latin, remplacer *minium* par *oxyde de plomb* et *et cætera* par *ainsi de suite*!). Le *slabbing* étant à la fois un laminoir à brames et la fonction qu'il remplit, on peut traduire par *bramage* (l'action) et par *brameur* ou *bramoir* (l'appareil) ; pour *blooming*, le *Harrap's* traduit par *dégrossissage* et *dégrossissement* pour ce qui concerne l'action, ce qui autoriserait à proposer *dégrossisseur* pour la machine; pour *bloom*, il donne comme équivalent *brame*, mais les spécialistes établissent une différence entre le *bloom* issu du *blooming* et la *brame* sortie du *slabbing* : dans tous ces cas il s'agit de lingots d'acier qu'on rapetisse et qu'on martèle, mais leurs dimensions et autres propriétés ne sont pas les mêmes selon la terminologie. Il n'y aurait un intérêt majeur à traduire ces termes que si leur introduction tels quels menaçait l'intégrité de la langue adoptive; ce n'est pas, semble-t-il, à redouter : le français, pour sa part, n'en a pas été affecté dans son mécanisme particulier. On doit donc les considérer comme acceptables, sans pour autant vouloir décourager les francophones attentifs qui chercheraient à leur substituer des équivalents, pourvu que ceux-ci soient expressifs et concis. (*Brame* a été parfois employé au masculin.)

Le succès de certains mots anglais tient pour une large part à leur brièveté, souvent monosyllabique :

« Viens-tu déjeuner au *self*? – Oh! le coureur... tu as vu ce *sprint*? – La morue a fait un de ces *booms*! – Il m'a l'air très *cool*, ce garçon! – Si nous faisions un *sit-in*? – Passe-moi mon *pull*!, etc. »

On ne s'est pas donné la peine de chercher si le français était ou non en mesure de faire aussi court, ne fût-ce qu'en abrégeant par apocope ou par aphérèse un mot déjà formé (l'anglais ne se prive pas de le faire). On a directement piqué à la langue de nos voisins du nord-ouest un de ses termes expressifs : c'est du tout-fait!

Cela dit, il est vrai que, dans beaucoup de cas, le français eût fourni un mot plus long que le mot anglais concurrent : à notre époque de gens pressés, c'est un handicap; ou peut-être n'eût-il proposé qu'une circonlocution, ce qui signifiait sa défaite sûre et certaine.

Les spécialistes du latin d'église ont connu ce problème. Ayant à traduire une phrase où se trouvait le mot *motocyclette* – terme, on s'en doute, peu familier à Sénèque et même à saint Augustin –, ils enfantèrent à peu près ceci :

> « [Les religieuses ne seront autorisées à monter et à circuler sur un] véhicule à deux roues se mouvant de lui-même grâce à la combustion d'une essence de naphte et à la puissance dégagée par le fluide gazeux qu'elle produit [qu'autant que l'agencement dudit véhicule sera compatible avec la discrétion de leur état]. »

Belle périphrase pour dire : *une moto*!

Voici enfin une liste succincte d'anglicismes introduits dans le français sans nécessité particulière, avec les synonymes qui, le plus souvent, pourraient les remplacer (sans condamner le moins du monde le recours à ces termes étrangers quand la consigne y engage ou quand le contexte est favorable à leur emploi) :

ANGLICISMES	ÉQUIVALENTS PROPOSÉS	COMMENTAIRES
after-effect	post-effet	*pluriel :* after-effects, post-effets
after-shave	après-rasage	*pluriel :* after-shaves, après-rasage (invar.)
approche	perception, évaluation	angl. : approach.
aquaplaning	aquaplanage	*Sens :* dérapage sur un sol humide.
attaché-case	mallette porte-documents	*Pluriel :* des attachés-cases (P.L.I.).
attic	mansarde	
background	fond, toile de fond, historique, arrière-plan, carrière, contexte, information, base, passé, *curriculum vitae,* selon les cas; au sens d'expérience : métier.	
badge	insigne, macaron	Peut s'utiliser pour éviter une répétition.
battle-dress	treillis	Littéralement : vêtement de combat; « *sorte de blouson de toile* » (P.L.I.).
best-seller	gros-tirage, succès de librairie, d'édition; livre à succès	Devenu d'emploi courant.
birth control	contrôle des naissances	
boat-people	réfugiés de la mer	

ANGLICISMES	ÉQUIVALENTS PROPOSÉS	COMMENTAIRES
body-building	culture physique, musculation esthétique, haltérophilie	
boom	essor, expansion-éclair	
boomer		Voir *woofer.*
box-office	palmarès	
boycott	boycottage	De *Boycott*, nom propre.
brain-drain	fuite des cerveaux	
brain-storming	« remue-méninges »	
brain-trust	trust de cerveaux	On considère *trust* comme assimilé.
breakdown	dépression nerveuse	En anglais, signifie aussi *panne, accident, avarie, insuccès.*
briefing	exposé, réunion d'information, séance de directives (en aviation, *briefing* est considéré comme francisé)	Certains ont proposé *brefage* (dérivé de *bref*), terme qui n'a pas été retenu.
Brushing [majuscule obligatoire]		Ne peut avoir d'équivalent, car il s'agit d'un nom de marque (comme Ricard ou Cocotte-Minute).
cash	comptant	
cash-flow	marge brute d'autofinancement	En langage financier, *cash-flow* est assimilé.
casting	distribution (d'une pièce, d'un film)	
charteriser	fréter, noliser	L'antériorité et la concision des synonymes doivent condamner le néologisme superflu.
check-up	bilan de santé	

ANGLICISMES	ÉQUIVALENTS PROPOSÉS	COMMENTAIRES
connection	filière	
consultant	conseiller	En français, un *consultant* est un patient chez le médecin.
container	conteneur	
cool	« relax(e) », décontracté	
copyright	droits réservés	
cosy, cosy-corner	divan (de coin)	Le mot *cosy* est entré dans le français, où phonétiquement il s'insère bien; aussi bien que le mot *divan...* qui d'ailleurs est d'origine turco-persane!
dealer	revendeur (de drogue)	
design (prononcer à peu près : *dizaï 'n)*	esthétique industrielle (substantif); fonctionnel (adjectif)	Ces équivalents ne sont qu'approximatifs, car *design* implique une harmonisation réussie entre la fonction utile et une apparence agréable.
dining-car	voiture-restaurant	À substituer à l'ancien (et périmé) « wagon-restaurant »; *Anglicismes,* Larousse, 1982.
discount	remise, ristourne, rabais, escompte, etc.	*Discount* est une anglicisation du vieux mot français *décompte,* qui nous revient déformé par le voyage!
drive-in	ciné-auto	Il s'agit du cinéma de plein air où l'on assiste à son volant; rien n'interdit de créer une expression brève pour désigner à l'occasion un système qui ne se pratique guère en France.
engineering	ingénierie	Recommandé par l'Administration.

ANGLICISMES	ÉQUIVALENTS PROPOSÉS	COMMENTAIRES
establishment (l')	les notables, les gens en place, les privilégiés, la classe au pouvoir	
fair play	franc-jeu, beau joueur	
fast food	restauration rapide, casse-croûte, « restovite »; menu rapide	Les trois premiers équivalents sont proposés par *le Monde*; *menu rapide* a été vu sur la vitre du restaurant *L'Avenue,* à Arcachon.
feed-back	rétroaction	
flash-back	retour en arrière	
free-lance	indépendant; pour un journaliste : pigiste	
gang, gangster	bande, bandit	
gentleman's agreement	*modus vivendi,* engagement moral	Ces deux équivalents n'ont pas tout à fait le même contenu; pluriel : *des gentlemen's agreements.*
go-between	intermédiaire	
guest-house	pension de famille	
happy-few	les privilégiés, les « heureux élus »; parfois : les intimes	
hard-top	toit démontable (sur des automobiles)	
hardware	matériel	Terme d'informatique.
has-been	ex-, ci-devant	
hit-parade	palmarès	
hobby	passe-temps, violon d'Ingres, dada	

ANGLICISMES	ÉQUIVALENTS PROPOSÉS	COMMENTAIRES
hold-up	braquage (terme populaire venu de l'argot), vol à main armée	
kidnapping	enlèvement	*Kid* signifiant *enfant*, le mot n'aurait jamais dû s'entendre pour une grande personne, mais son sens s'est étendu; *idem* pour le verbe *kidnapper.*
kitchenette	cuisinette	*Cuisinette* est proposé par le *Guide Michelin* 1986.
know-how	tour de main, savoir-faire, méthode	
leader	chef, dirigeant, chef de file, guide	
leadership	hégémonie, primauté, prépondérance, prédominance, suprématie, rôle dirigeant, prééminence, direction, rôle pilote, commandement, prépotence, dirigeance, guidance	
leasing	location-vente, location-bail	
listing	listage	
living-room	salle de séjour	
lobby	groupe de pression	*Lobby* est employé couramment, mais, dans un texte, mieux vaut l'utiliser une seule fois et le mettre en italique.
look	image, personnalité	Cet équivalent français s'écrit sans trait d'union.
marine	fusilier marin	
marketing	mercatique	

ANGLICISMES	ÉQUIVALENTS PROPOSÉS	COMMENTAIRES
melting-pot	creuset	
merchandising	présentation, mise en valeur, commercialisation (d'un produit)	Fonction des directeurs et services commerciaux qui étudient comment présenter de la façon la plus avantageuse le produit à lancer sur le marché.
must	ce qu'il y a de mieux	
news (- magazine)	magazine, « hebdo »	
night-club	boîte de nuit, cabaret	
non-stop	sans arrêt, ininterrompu, permanent	
1° *off shore;* 2° *on shore*	1° en mer, au large [pour une banque : franche]; 2° continental, sur la terre ferme	
one man show, one man's show	récital, solo	
overdose	surdose	
parking	parc-auto, garage, garage souterrain	
part-time	à temps partiel, à mi-temps	
pipe-line, pipeline	oléoduc (pétrole), gazoduc (gaz), conduite	
planning	programme, plan de travail	
press-book	dossier, livre de presse, coupures de presse	
pressing	pressage (Dic. Robert)	
pull, pull-over	tricot, chandail	

ANGLICISMES	ÉQUIVALENTS PROPOSÉS	COMMENTAIRES
réaliser (de l'angl. *to realize*), au sens de *comprendre*	comprendre, saisir, se rendre compte que...	Néologisme que le Petit Robert date de 1900.
remake	nouvelle version « seconde mouture »	
1° *rewriter* (prononcer) *reraïteur*) n. m.; 2° *rewriter* (prononcer *reraïter*), *v. tr.;* 3° *rewriting* (prononcer approximativement *reraïtin'*)	1° rescripteur, n. m.; 2° récrire, réécrire, rescripter, v. tr.; 3° rescriptage	Bien que *script* et *scripteur* aient de tout autres acceptions anciennes, et soient des néologismes en leur emploi actuel, le recours à la racine latine *scriptum* est licite; on l'a utilisée pour forger *téléscripteur*, et elle est même un élément de plusieurs mots anglais. On ne peut retenir « récriveur », qui serait perçu comme péjoratif.
right man (the)	l'homme idoine, le type qui convient	*Right man* sert surtout dans la locution *the right man in the right place* (l'homme idoine là où il faut).
round	manche, partie	En boxe, *round*, prononcé à la française, ne peut plus guère être supplanté.
round-up	synthèse	
royalties	redevances; parfois : droits d'auteur	
rush	ruée	
scanner (appareil de radio-diagnostic)	scanographe	Le P.L.I. 1987 donne aussi *tomodensitomètre* pour cet appareil médical; pour le *scanner* de télédétection, il indique *analyseur à balayage.*
score	résultat	
scoop (prononcer *scoup'*)	exclusivité, première	

ANGLICISMES	ÉQUIVALENTS PROPOSÉS	COMMENTAIRES
self-control	autocontrôle, maîtrise de soi	
self-made-man	autodidacte; personne qui a réussi sa carrière grâce à son seul travail	
self-inductance, self-induction	auto-inductance, auto-induction	Synonymes proposés par le P.L.I.
self-service	libre-service	On dit couramment : *un self*
shopping center	centre commercial	Une mode absurde multiple les « center » de la façon la plus inconsidérée; nous avons lu sur une enseigne : « Surgelés Center »!
show-business (littéralement : les affaires du spectacle)	show-biz, showbiz (prononcer : *chobiz'*)	Cette semi-adoption du terme anglais, raccourci par apocope; est, en fait, de l'argot. Le mot est déjà pastiché : à l'enseigne d'un magasin de chaussures on peut lire « Chauss'bizz ».
sister-ship (littéralement : bateau sœur; *ship*, bateau, est féminin); pluriel : *sister-ships*	navire(s) jumeau(x)	
sit-in	occupation (d'un lieu, par des gens assis)	
skateboard, « *skate* »	planche à roulettes	
slogan	devise, formule, phrase à effet	Le mot *slogan* peut être considéré comme assimilé
software	logiciel	

ANGLICISMES	ÉQUIVALENTS PROPOSÉS	COMMENTAIRES
speaker, *speakerine* (en matière de radio, de télévision)	présentateur, présentatrice; pour *annonceur*, voir ci-contre	*Speaker* signifie *celui qui parle*; jusque vers 1930, le mot n'a désigné que le titre du président de la Chambre des communes. – On ne peut dire « parleur », que l'expression *beau parleur* rendrait péjoratif, ni « locuteur », qui est réservé au domaine linguistique; d'où l'adoption du mot anglais pour la radio, puis la télévision. – Le Petit Robert 1976 dit : *annonceur*, mot proposé pour remplacer *speaker*.
sponsor	parrain, mécène, commanditaire	Seul le dernier de ces trois mots est préconisé par l'Administration. En fait, le *sponsor* n'est un *mécène* que s'il est désintéressé, ce qui est rarement le cas.
sponsoriser	parrainer, patronner, commanditer	Voir ce qui précède à propos de *sponsor*.
1. *spot*	message publicitaire, séquence publicitaire, film publicitaire, séquence-réclame, film-réclame	Le premier synonyme est préconisé par l'Administration et cité par le P.L.I, les deux suivants proposés par *le Monde*; la brièveté du mot *spot* lui laisse dans cette acception toutes ses chances.
2. *spot*	projecteur	Il s'agit d'un projecteur particulier, de faible dimension et à faisceau lumineux étroit.
squatter	occupant sans titre	On appela ainsi les colons américains. Le mot désigne aujourd'hui les gens qui se logent sans en avoir le droit dans des immeubles inoccupés ou évacués par les habitants.
squeezé (être)	être « coincé », être « pris en sandwich », être « court-circuité »	Ces équivalents sont à prendre au sens figuré : *il a été squeezé* (coincé) *par les agents du fisc; la majorité parlemen-*

ANGLICISMES	ÉQUIVALENTS PROPOSÉS	COMMENTAIRES
		taire est squeezée (prise en sandwich) *entre les deux partis extrêmes; cet arriviste a été squeezé* (court-circuité) *par plus arriviste que lui.*
staff	équipe, personnel; état-major; direction-cadres	La diversité des sens anglais n'est pas propice à l'intégration du mot. *Staff College,* c'est l'École supérieure de guerre; dans un journal, *the editorial staff,* c'est la rédaction...
standing	niveau, luxe, prestige (selon le contexte)	
stress	tension, pression, stress	Le Petit Robert emploie, dans sa définition du sens médical, les mots *choc, décharge électrique, traumatisme psychique*
strip-tease	strip-tease	Le *Harrap's* traduit par *acte de déshabillage* et par le terme anglais en un seul mot : *striptease.*
strip-teaseuse	« effeuilleuse »	Synonyme donné comme populaire par les dictionnaires français (*effeuilleuse,* en Suisse, désigne une ouvrière viticole).
sunlight	projecteur	
tank	char, char d'assaut	
tanker	pétrolier	
tax free shop	boutique hors taxes	
tee-shirt (prononcer *tî-cheurt'*)	maillot (de coton)	
thriller	film (ou roman) policier, « polar »; film d'épouvante	
time table	horaire, programme	

ANGLICISMES	ÉQUIVALENTS PROPOSÉS	COMMENTAIRES
top niveau (au)	au sommet, au pinacle, au plus haut degré, au faîte, au maximum (selon le cas)	
traveller's cheque (angl.), *traveler's check* (amér.)	chèque de voyage	Dans la forme « franglaise », souvent écrit « traveller-chèque ».
trekking	randonnée	
underground	clandestin, parallèle	
understatement	litote, euphémisme	
vamp	femme fatale	Abréviation de *vampire,* le mot *vamp* est traduit dans le *Harrap's* par : *aventurière, femme fatale, ensorceleuse, enjôleuse, sirène, allumeuse, flirteuse.* – Les femmes fatales du cinéma muet furent ainsi nommées d'après le titre du film *la Vamp,* dont Theda Bara fut la vedette; le mot se dit de moins en moins.
vintage	récolte, cuvée	
Walkman [majuscule obligatoire]		Comme pour *Brushing* (voir plus haut), il s'agit d'un nom de marque, qui ne saurait donc être remplacé en tant que tel; mais il ne faut pas l'utiliser pour un appareil de marque différente, aussi serait-il bon d'adopter un équivalent générique : on a pu proposer *baladeur,* également préconisé par l'Administration.
walk-over (gagner par)	gagner par forfait	
woofer	haut-parleur de basses	Autre terme anglais synonyme : *boomer.*

« appellations d'origine contrôlée »

Attention : cette formulation est inexacte. En effet, *contrôlée* s'accorde avec *appellation(s),* et, si ce substantif est mis, comme c'est le cas ici, au pluriel, le participe passé adjectivé *contrôlé(e)* doit également être au pluriel. Il faut donc écrire : *appellations d'origine contrôlées.* Il en va de même avec l'adjectif *simple* si l'on parle des *appellations d'origine simples.* Se souvenir que l'accord se fait avec *appellation(s)* et non avec *origine,* qui reste toujours au singulier.

Ce cas présente une certaine analogie avec celui de **« port d'arme prohibé »** (voir p. 198).

après

Ce mot, préposition et adverbe, a de multiples emplois corrects, et un autre plus discutable. Si vous dites : « j'ai laissé la clef après la serrure », il est à craindre qu'on ne vous le reproche. Dites plutôt : *dans la serrure* (ou *sur la porte*). – À noter toutefois que Littré, se fondant sur le fait qu'on admet : *il est après sa toilette,* au sens de : en train de faire sa toilette, est indulgent pour « la clef est après la porte », parce que, dit-il, l'étymologie de *après* est : *à près,* c'est-à-dire *tenant à* ; qu'une expression (avec toilette) soit licite, et non l'autre (avec serrure, porte), lui semble exagéré. C'est bien notre avis.

après que...

Cette locution exclut le subjonctif, qu'exige au contraire *avant que.* Cette règle ancienne est pleinement justifiée par la logique, puisque *après* se rapporte à une action passée, incompatible avec le subjonctif. Laissons un certain jargon foisonner d' « après qu'ils aient », d' « après qu'il soit », etc., et disons : *après qu'ils ont,* ou *qu'ils eurent* (fini leur travail), *après qu'il est,* ou *qu'il fut* (passé à la maison). À noter qu'au passé il convient d'écrire : *avant qu'il eût* (imparfait du subjonctif : accent circonflexe), mais : *après qu'il eut* (indicatif, passé simple : pas d'accent); de même : *avant qu'il fût,* mais *après qu'il fut.* Des écrivains ont émis une critique de cette règle; ils estiment que le subjonctif peut suivre la locution *après que* lorsque celle-ci se rapporte à une action qui ne se serait passée qu'à l'intérieur d'une hypothèse, d'une supposition, d'une conjecture. C'était la position d'Albert Camus.
En dehors du subjonctif, qui est exclu par la règle (mais non point, hélas! par l'usage quotidien...), *après que...* s'emploie avec tous les temps de l'indicatif et du conditionnel : *Elle est venue pour me voir après que j'ai été sorti; Veulent-ils donc ne signer la paix qu'après que tout le pays sera détruit ?*

arrhes / acompte

Voir **acompte / arrhes,** p. 15.

assassin

Ce nom masculin, qui n'a de féminin que lorsqu'il est adjectif (usité alors presque toujours au figuré : *une rage assassine*), désigne, substantivement, une personne qui en tue une autre volontairement. Si elle ne fait que la blesser, on ne peut user du mot *assassin* sans l'assortir d'une restriction sémantique édulcorante : *l'assassin en puissance, le quasi-assassin, l'agresseur qui a failli devenir un assassin,* etc. L'emploi abusif a été observé à la télévision française le 21 juillet 1985. Une personne qui en tue une autre sans en avoir eu l'intention bien arrêtée est un *meurtrier* ou une *meurtrière.*

« assistant se leva (Un) »

Le mot *assistants,* au pluriel, désigne les personnes qui assistent à une réunion, à une séance d'assemblée, à un cours...
Le bon usage consiste à dire et à écrire : *un des assistants se leva,* et non : « un assistant se leva », car au singulier le mot s'applique à une personne qui est chargée d'en seconder une autre dans l'exercice de ses fonctions : assistant de production, assistant du son, etc.
Certes, parmi les assistants, il peut y avoir plusieurs... *assistants* (professionnellement parlant), et dans ce cas il faudrait dire : *un assistant* [du son, de production, etc. sous-entendu] *se leva,* car la formule « un des assistants se leva » ne permettrait pas de faire la distinction entre les assistants au sens général et ceux des auditeurs ou spectateurs qui, de par leur fonction, sont doublement des *assistants*! Il appartient aux auteurs, si une telle situation se présente, de dissiper une confusion qui se révélerait fâcheuse...

ASSOCIATIONS BURLESQUES

Hormis la volonté d'obtenir un calembour, un jeu de mots, il est des rapprochements de termes dont il vaut mieux s'abstenir! N'oubliez pas qu'un grand nombre de mots, en français, sont *polysèmes,* ou *polysémiques,* c'est-à-dire qu'ils ont plusieurs acceptions, et pensez aussi aux sens argotiques de certains d'entre eux! Car il y aura toujours quelqu'un pour mettre en évidence votre ingénuité, ou pour vous reprocher un trait d'« humour »

facile ou douteux... que vous aurez commis en toute innocence...
Voici quelques-uns de ces jeux de mots involontaires, glanés ici et là. À vous de débusquer dans chaque phrase l'association burlesque.

« Le travail noir n'existe pas en Afrique. »

« Les plus gros embouteillages se sont produits près des vignobles de Z... »

« Ce film sur Robespierre est des plus conventionnels ! »

« Si les pompiers n'arrivent pas dans les dix minutes, je vais les " incendier " ! »

« En général, les automobilistes prennent toujours en auto-stop les religieuses, les personnes âgées et les militaires. »

« Le nain répondit avec hauteur : " ... ". »

« L'ancien bûcheron fracturait les troncs. »

« La maison du coiffeur et celle du boucher ont été rasées. »

« La gauche ne s'est pas montrée maladroite. »

« Sa femme l'ayant laissé tomber, un facteur se jette du huitième étage. »

« La femme découpée en morceaux était séparée de son mari. »

« Après les nombreuses fusillades de la journée d'hier, la balle est dans le camp syrien. »

« Après les vols commis au supermarché, les enquêteurs ont l'œil sur l'équipe des pupilles du Racing-Club local. »

« Les cérémonies fastueuses de Pâques n'ont pas suscité la passion de la population. »

« Étant sur le point d'accoucher, Françoise B... n'a pu quitter l'enceinte de la préfecture. »

« L'infirmier rua dans les brancards ! »

« Hué par le public, le chanteur ivoirien regagna les coulisses, blême et en pleurs. »

« Le train brûla la station sans crier gare. »

« La perte sèche causée par les inondations s'est élevée à... »

au, aux

Cet article contracté signifie *à le, à les*; son emploi est courant et licite, bien entendu (*aller au cinéma, recourir aux expédients,* etc.), mais est à déconseiller dans deux cas :

– il vaut mieux ne pas l'employer avec les verbes *partir* et *repartir* pour désigner une destination précise (voir **« partir à Lyon »**, p. 168);

– il convient de laisser au langage très relâché des expressions comme « aller au coiffeur », « aller au médecin », etc.; dire et surtout écrire : *aller chez le coiffeur, chez le médecin,* etc.

« aucun frais (sans) »

Nous relevons cette formule, en caractères gras, dans un prospectus de compagnie d'assurances. Formule vicieuse en ceci que, *frais* étant un substantif masculin pluriel qui n'a pas de singulier, l'adjectif *aucun* doit obligatoirement prendre la marque du pluriel : *sans aucuns frais.* C'est même un des rares cas où *aucun(e)* s'adjoint un *s* final; en effet, cet adjectif ne se met au pluriel que :

– devant un substantif privé de singulier (*Aucunes ténèbres ne furent plus profondes; Aucunes funérailles plus grandioses);*

– devant un substantif ayant un singulier mais utilisé dans un cas où il ne peut l'être qu'au pluriel (*Aucunes finances publiques ne furent plus obérées; Vous n'avez investi dans aucuns travaux publics).*

NOTES : 1. Le substantif *frais,* répétons-le, n'a pas de singulier; on nous a fait observer que le Petit Robert, en son édition de 1976, donnait : « à moindre frais »; en fait, il s'agissait d'une coquille; il faut bien : *à moindres frais;* le même dictionnaire indiquait d'ailleurs : n. m. pl.

2. Employé comme pronom, *aucun(e)* ne se met au pluriel que dans l'expression *d'aucuns, d'aucunes,* qui signifie *quelques-uns, quelques-unes,* c'est-à-dire certaines personnes.

aussi, autant

Autrefois, le style châtié n'eût pas admis *aussi* à la place de *si.* Exemple alors proscrit : « Aussi froid qu'il fasse, j'effectue ma promenade du soir. » La forme considérée comme seule correcte était : *Si froid qu'il fasse,* etc. De même, « autant de biens qu'il ait, je ne l'envie pas » eût semblé appartenir au langage relâché, le bon usage exigeant : *tant de biens qu'il ait, je,* etc. Sans faire de purisme ni condamner la forme néologique avec *aussi* et *autant,* Adolphe V. Thomas pouvait encore écrire en 1956 : « *On dit, avec le subjonctif* : Si dévoué qu'il soit (*ou* soit-il), *plutôt que* Aussi dévoué qu'il soit (*ou* soit-il). » Toutefois, pour *autant* à la place de *tant,* sa notice n'est pas empreinte de sévérité.

En général, l'adverbe *aussi* implique une comparaison, et ne peut marquer une intensité. Celle-ci doit être exprimée par l'adverbe *si* :

Si léger que fût l'enfant, le père avait bien du mal à le porter.

La voyant si délabrée, Godelure se repentit d'avoir acheté par correspondance cette malouinière du Grand Siècle.

Aujourd'hui, les puristes sont de plus en plus rares qui condamnent le transfert de *si* à *aussi* et de *tant* à *autant* dans les locutions citées ci-dessus. Grevisse *(le Bon Usage),* qui serait plutôt un peu trop laxiste, se borne à un seul exemple avec *si,* puisé chez Clément Vautel, et ne craint pas d'en mentionner dix-huit avec *aussi,* pris chez des auteurs respectés, tels que Bernanos, Edmond Rostand, François Mauriac, Malraux, Camus, Émile Henriot, Sartre, Montherlant, Albéric Cahuet, Kessel, Saint-Exupéry, l'abbé Bremond et les Tharaud. Après une telle avalanche, la cause est entendue, c'est-à-dire que celle du *si* exclusif est perdue : impossible de remonter le courant! Il y a collusion ici entre le langage populaire et la plume d'écrivains modernes indiscutés – ou presque...

Qu'il soit permis de noter simplement que, dans ces locutions, toujours assorties du subjonctif avec ou sans inversion du pronom ou du substantif sujets, les classiques utilisaient volontiers la préposition *pour* :

> Pour grands que soient les rois, ils sont ce que nous [sommes.
>
> Corneille, *le Cid,* I, III.

Voltaire estimait que cette phrase, « *fort bonne alors* », avait vieilli de son temps; chose curieuse, plus de deux siècles après lui nous n'éprouvons pas la même impression, et qui l'écrirait aujourd'hui ne commettrait pas un archaïsme.

aussitôt / sitôt

Ce qui est dit plus haut à propos des adverbes *aussi* et *autant* relativement à *si* et à *tant* peut s'appliquer à *aussitôt* par rapport à *sitôt*. Par exemple, *je me suis couché sitôt rentré chez moi* est d'un style plus rigoureux que : « aussitôt rentré chez moi ». Mais, comme il n'y a, en fait, aucune nuance ni aucune différence de clarté entre les deux formes, elles coexistent pacifiquement, même dans les meilleures grammaires. Pour *aussi tôt que*, v. **sitôt/si tôt,** p. 225.

autrui

« On reproche à autrui leurs défauts sans s'apercevoir que nous avons les mêmes. »

Autrui étant un pronom indéfini invariable toujours utilisé au singulier, signifiant *son prochain, l'autre*, la phrase ci-dessus est incorrecte. Il faut écrire et dire : *On reproche à autrui ses défauts...*, ou bien : *On reproche aux autres leurs défauts...*

Autrui étant l'ancien cas régime du mot *autre* – en ancien français, le cas régime correspondait à la fonction de complément –, quelques grammairiens puristes condamnent encore l'utilisation d'*autrui* comme sujet. Selon eux, on ne devrait donc pas écrire, comme Proust l'a fait : « Autrui nous est indifférent et l'indifférence n'invite pas à la méchanceté »...

L'opinion la plus répandue aujourd'hui est celle exprimée par le *Larousse de la grammaire* (1983) : « Ce mot ne se rencontre que [...] en principe comme complément après une préposition, parfois aussi comme sujet ou comme complément d'objet direct. » Il n'y a plus condamnation formelle, mais la remarque que l'emploi normal est toujours celui de complément indirect...

avatars

« En voyage, nous avons eu de drôles d'avatars. » Confusion due à la fois à la paronymie avec *avanie, aventure* et au sens abstrait souvent incompris du mot *avatar.* Ce substantif, qui vient d'un mot sanscrit signifiant *descente,* désigne chacune des incarnations du dieu Vichnou dans la religion hindouiste. Il est tout à fait normal de l'utiliser au sens figuré de *métamorphose,* de *transfiguration*; par exemple : *l'avatar de Jean Valjean devenu M. Madeleine,* dans le roman de Hugo *les Misérables*; ou : *l'avatar napoléonien* (du premier consul devenu empereur). Mais il est abusif et répréhensible de lui donner le sens d'« aventure désagréable », ce qu'on appelle familièrement un « pépin ». Robert le mentionne dans cet emploi fautif, mais en signalant bien que c'est un contresens.

« avérer faux (s') »

C'est le type même de la locution vicieuse. Au sens absolu, *s'avérer* signifie *se révéler vrai.* Exemple : *les prévisions de l'astronome Halley se sont avérées.* On peut aussi, par extension, dire : *cet essai s'est avéré bien décevant,* ou, au contraire : *très positif.* Mais l'antinomie entre le verbe *avérer (s')* et l'adjectif *faux* interdit de les accoupler dans une impossible association « s'avérer faux », qui serait un contresens tout comme « s'avérer vrai » serait un pléonasme.

avoir affaire / avoir à faire

Une rédaction hâtive ou négligée fait parfois écrire : « il a eu à faire à plus fort que lui », « elle ne se rend pas compte à qui elle a à faire », etc., alors que, dans ces phrases ou d'autres de même composition, l'expression

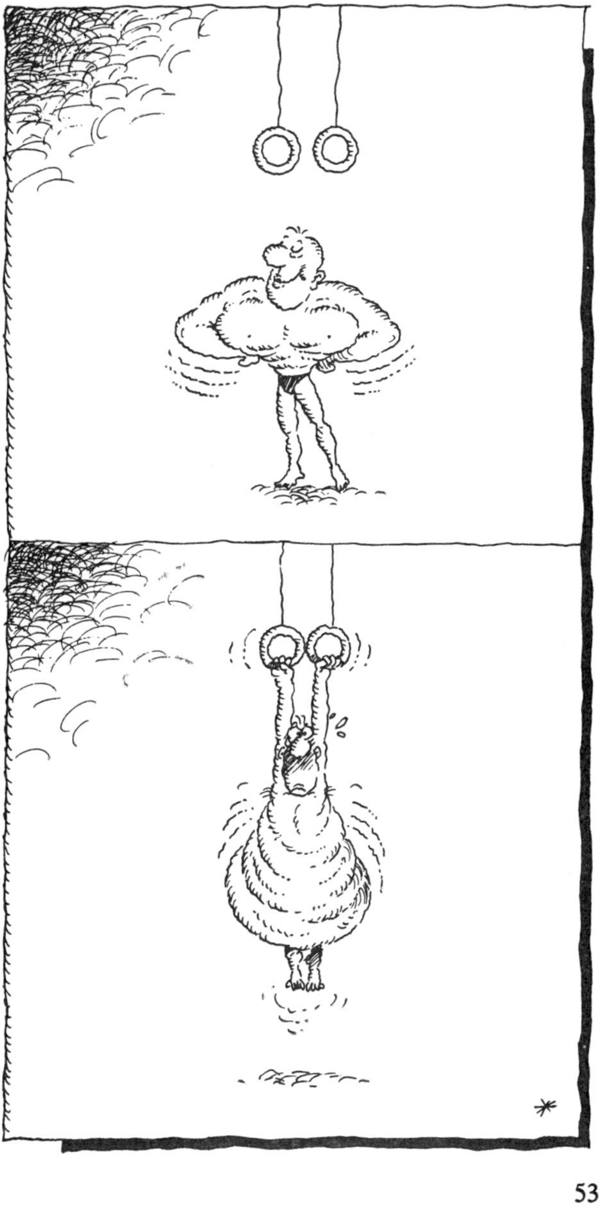

avoir affaire devait être employée. Qu'on repense à ce que dit un cadet à Christian à la scène IX, acte II, de *Cyrano de Bergerac* :

> ... Chut!... jamais ce mot ne se profère
> Ou c'est à lui, là-bas, que l'on aurait affaire!

Certes, *avoir à faire* est excellent en d'autres cas; par exemple, on dira fort bien : *j'ai à faire ma lessive,* ou encore : *vous aurez à faire un long voyage;* rien n'empêche que vous inversiez les termes de ces propositions : *j'ai ma lessive à faire,* et : *vous aurez un long voyage à faire;* au contraire, dans : *il a eu affaire à forte partie,* même si vous remplacez *affaire* par « à faire », il est impossible d'opérer l'inversion, sous peine d'obtenir une phrase absurde. Bien noter, en résumé, la formulation *avoir affaire,* et se souvenir qu'elle accepte soit la préposition *à,* soit la préposition *avec,* mais il y a une nuance. Si vous avez *affaire avec* quelqu'un, c'est que déjà un lien existe entre ce quelqu'un et vous, et qu'il vous faut en discuter avec lui, ou lui en parler; ou que vous avez à agir ensemble dans un intérêt ou pour un but communs. Si vous avez simplement *affaire à* lui, c'est que vous êtes mis en contact avec lui par les besoins de la vie courante. Vous avez *affaire avec un client, un ami*; en cas de litige fiscal, vous avez *affaire à votre percepteur, à votre contrôleur.* Et... vous avez beaucoup *à faire*!

battre son plein

Certains ont prétendu que, dans l'expression *battre son plein, son* n'était pas un adjectif possessif, mais le substantif masculin synonyme de « bruit ». Dans notre *Dictionnaire du français pratique* (Solar édit., 1981), nous indiquions que c'était la position du *Guide du typographe romand* (1948) – suisse... donc très sérieux –, qui, à l'article 160, écrivait : « Ne dites pas, n'écrivez pas : les Jeux olympiques battent leur plein; dites, écrivez : les Jeux olympiques battent son plein (battre plein son) ». Cette explication ne plaît pas du tout à l'ami Alain Rey et à Sophie Chantreau (*Dictionnaire des expressions et locutions,* les « Usuels » du Robert, 1979), qui règlent leur compte aux ingénieux ou naïfs tenants de l'étymologie précédente : « *Battre son plein* [...]. Il s'agit bien de *plein,* substantif, et de l'adjectif " possessif " : des cuistres, ayant imaginé qu'il s'agissait d'un instrument qui battait un *son*

plein, écrivirent au pluriel : *les fêtes battaient son plein* et, fiers de cette élégance, accusaient de barbarisme ceux qui disaient très correctement : *battaient leurs pleins.* »
Personnellement, nous préférons de beaucoup *plein* au singulier : *battaient leur plein...*
Puisque aucun linguiste ou lexicographe ne peut prétendre absolument connaître le fin mot sur l'origine de cette expression, on ne peut que ratifier ce que dit le nouveau Grand Robert, en neuf volumes, 1985, à l'article *plein* : « Certains ont avancé que *son* était substantif et *plein* adjectif, par métaphore de la *cloche,* du *tambour qui bat son plein,* c'est-à-dire " qui résonne d'un son fort "; mais il n'y a aucune preuve à l'appui de cette hypothèse peu satisfaisante pour le sens et pour la forme. On dira donc, au pluriel, *les fêtes battent leur plein,* et non *les fêtes battent son plein.* »
Il est par conséquent très aventureux, voire très probablement fautif, de dire et d'écrire : « Les festivités battent son plein »...

batteur d'estrade

« Ce batteur d'estrade, ce saltimbanque, ce charlatan... ». Pas du tout! Un *batteur d'estrade,* ce n'est pas cela : c'est un homme envoyé en reconnaissance pour s'assurer si la route est libre ou si, au contraire, il y a des obstacles, des ennemis, etc. Par exemple, William Cody (Buffalo Bill) fut un célèbre *batteur d'estrade* du Far West.

Rien de commun avec le *bateleur* (et non « batteur ») qui, monté sur des tréteaux de foire, fait des tours d'acrobatie, d'adresse ou d'escamotage. Dans *battre l'estrade* (= aller à la découverte), *estrade* vient de l'italien *strada,* route (le batteur d'estrade éclaire la route). Dans *monter sur une estrade* (= sur un plancher exhaussé de quelques marches), *estrade* vient de l'espagnol *estrado.* L'italien *strada* vient du latin *strata,* route dallée, et l'espagnol *estrado* du latin *stratum,* plancher.

« beaucoup davantage »

Cette formule est un archaïsme qui de nos jours est considéré comme une faute. On écrit et l'on dit : *bien davantage* ou *beaucoup plus.*

L'expression désuète serait même tout à fait oubliée sans le sonnet de Joachim Du Bellay dont le second quatrain est ainsi conçu :

> Quand revoiray-je hélas! de mon petit village
> Fumer la cheminée, et en quelle saison
> Revoiray-je le clos de ma pauvre maison
> Qui m'est une province et beaucoup davantage ?

Davantage que est une tournure encore condamnée par certains puristes. En fait, l'usage courant a entériné ce tour, rejoignant en cela l'opinion de Littré, qui écrivait :

« Les grammairiens modernes ont décidé que *davantage* ne pouvait être suivi de *que*. Toutefois, cette décision est en contradiction avec l'usage des meilleurs écrivains. »

Attention aux amphibologies dues à l'emploi relâché de *davantage* : « Je ne l'aime pas davantage que toi »... Cela peut signifier : « Je n'aime pas X... plus que toi-même ne l'aime », mais tout autant : « Je n'aime pas X... plus que je ne t'aime », voire : « Tout comme toi, je n'aime pas X... »! L'ambiguïté existe également en phrase positive : « J'aime X... davantage que toi. » – Il en est de même quand on emploie *plus* ou *moins* à la place de *davantage*.

« bénéficier à »

« La nouvelle loi bénéficiera aux cadres retraités. » Il ne faut pas dire ni écrire : « bénéficie à... », « bénéficie aux... », mais : *profite à..., profite aux...* En effet, contrairement à *profiter,* le verbe *bénéficier* ne se construit pas avec la préposition *à* ni, de ce fait, avec l'article contracté *aux* (contraction de *à les*). Donc, *la nouvelle loi profite* (du moins le leur souhaitons-nous) *aux cadres retraités.* Si, d'aventure, on cherche à éviter une répétition du verbe *profiter,* qui se trouverait déjà plus haut ou qu'on voudrait employer plus loin, il convient de se servir d'une autre tournure, par exemple : *la nouvelle loi avantage les cadres*

retraités, ou : *... est à l'avantage des cadres,* etc.; ou encore : *les cadres retraités bénéficient* (ou : *bénéficieront*) *de la nouvelle loi.* En effet, la formule *bénéficier* (= tirer bénéfice) *de...* est excellente.

bottin

« Je trouverai son adresse dans le bottin officiel du téléphone! » L'*Annuaire officiel des abonnés au téléphone* n'est plus réalisé par la maison Bottin; pourtant, le nom de cet éditeur reste tellement associé aux annuaires du téléphone que le grand public continue à dire couramment : « Je voudrais le bottin des Hauts-de-Seine! », « Le petit dernier était assis sur un gros bottin afin d'être à la hauteur de la table », etc.
Cependant, en toute rigueur, le nom de Bottin, devenu nom commun de par l'emploi généralisé de ces recueils de renseignements, ne devrait désigner que des... annuaires Bottin! Même, dans ce cas, la maison Bottin pourrait poursuivre ceux qui ne mettraient pas de majuscule à ce mot... La mise en italique du nom, ce dernier étant en quelque sorte un titre d'ouvrage, ne s'impose pas. En revanche, on peut traiter *Bottin mondain* comme un titre de livre...
Puisque tous les dictionnaires admettent, par extension, la banalisation du mot *bottin* comme synonyme d'*annuaire du téléphone,* et que la maison Bottin s'est accommodée de cet hommage populaire, nous ne nous montrerons pas plus royalistes que le roi et nous ne

transformerons pas cette remarque en condamnation formelle.

En revanche, dans d'autres cas semblables, des industriels refusent la banalisation du nom de leur firme ou de celui de leurs produits. Ainsi, les fabricants du Formica n'admettent pas que ce nom soit écrit sans majuscule et utilisé au sens large de « revêtement stratifié ». Gault et Millau reçurent ainsi, il y a quelques années, une sévère admonestation pour avoir, dans leur mensuel, utilisé le mot sans la sacro-sainte majuscule.

Tout réfrigérateur n'est pas un Frigidaire (avec une majuscule en principe, puisqu'il s'agit d'un nom de marque déposé). Strictement, ces deux mots ne sont donc pas des synonymes, le premier étant un nom commun, le second un nom propre. Toutefois, la célébrité du mot *Frigidaire* a été telle que, semble-t-il, cette marque a depuis longtemps accepté cette banalisation (ou alors elle devrait intenter des milliers et des milliers de procès!). La rigueur impose de mettre une majuscule, mais il n'est pas pendable de s'affranchir de ce rappel du nom déposé. D'ailleurs, l'expression *mettre au frigidaire* incite à adopter la minuscule.

Cela dit, attention tout de même aux noms de marques! Nous reproduisons ici ce que nous avons publié ailleurs sur ce sujet[1] : « Il faut se méfier quand on cite des marques de commerce. On n'a pas le droit d'en utiliser sans examen la dénomination : celui qui l'a déposée se la réserve. [...] Jacques Cellard, grammairien éminent, vient de se faire rappeler à l'ordre pour avoir traité *croissanterie* et *bagagerie* comme des noms communs (*le Monde Dimanche,* 13 juin 1982). En effet, " la marque La Croissanterie a été enregistrée par l'Institut national de la propriété industrielle ", et la Bagagerie " a fait condamner les usurpateurs de son enseigne " par des jugements rendus à Paris, les 23 octobre 1974 et 24 octobre 1980, et par un arrêt de la cour d'appel du même siège en date du 24 novembre 1976. Que la langue ne vous fourche pas, et qu'aucun écrit surtout ne vienne trahir votre bonne foi : ce sont là des mots nobles, et non " banalisés ", qui ont droit à la majuscule – nous allions dire : à la majesté. »

1. « Attention aux noms de marques! » (P.-V. Berthier, *la République du Centre,* Orléans, 6 août 1982).

« bougainvilliers »

Ce substantif masculin est une déformation non recommandable de *bougainvillée,* nom féminin d'une plante tropicale. Cette dernière forme, qui fut la première usitée, est seule à conseiller. (En botanique, *Bougainvillea*).

but

L'expression « dans le but », « dans un but », doit, dit Littré, être évitée parce qu'on ne peut la justifier à l'analyse. Agir, faire une chose, entreprendre un projet, comment le pourrait-on « dans un but » puisque, si l'on était dedans, ce but serait atteint ? Il faut donc dire *dans le dessein, dans l'intention, dans l'espérance, dans l'attente, à l'effet de..., en vue de..., afin de...,* ou tout simplement *pour.* Du reste, *pour un but,* locution qu'emploie une fois Littré, est irréprochable.

L'expression « dans le but », « dans un but », était déjà fort usitée au XIXe siècle. Grevisse l'a relevée chez Chateaubriand, Balzac, Nerval, Baudelaire, Flaubert, Dumas, Villiers de l'Isle-Adam. On l'a signalée un petit nombre de fois dans l'œuvre de Hugo, et, dans une lettre de lui, nous avons trouvé : « dans un but de science ». Au

XXe siècle, la locution a rompu tous les barrages; elle est employée par des écrivains éminents, quoique toujours bannie par d'autres.
Le sport s'est emparé du mot *but,* notamment au pluriel : *Sur une passe savante suivie d'un shoot vigoureux, le ballon gicla dans les buts.* Naturellement, personne n'a repris l'argumentation de Littré pour condamner l'expression *dans les buts.* Aussi n'y a-t-il rien d'étonnant à ce que *dans le but* ait... gagné la partie. Ce qui ne saurait empêcher les rédacteurs scrupuleux de lui préférer un équivalent... en dehors du sport, bien entendu.

On *se propose un but,* on *tend vers un but,* on le *vise,* on *cherche à l'atteindre,* mais, au dire de la plupart des grammairiens, on ne saurait le « poursuivre », sans doute parce qu'en principe un but est quelque chose de fixe. Objection très discutable; un tireur itinérant qui veut toucher une cible mobile dira fort bien qu'il la poursuit, et, s'il l'atteint, ce sera « un coup au but » – un but, donc, qu'il a poursuivi. Celui qui se propose un but et qui le voit s'éloigner sans cesse, par exemple le chasseur qui traque un gibier en fuite, que fait-il, quand il s'obstine, sinon « poursuivre un but » ? Ce but se dérobe, il lui court après. Malgré ce plaidoyer, faisons plaisir aux critiques et choisissons une autre expression.

« Remplir un but » est à rejeter, malgré quelques avis contraires et bon nombre d'exemples honorables parmi lesquels ont été cités Saint-Simon et Jean Jacques Rousseau.

« ça été »

On rencontre parfois cette faute dans un texte traduit d'une sténographie, où elle résulte de l'homophonie. Il suffit d'une courte réflexion pour l'éviter et transcrire correctement : *ç'a été.* Le participe passé *été,* du verbe auxiliaire *être,* ne peut figurer que dans un temps composé; il faut donc qu'il y ait un verbe principal. Ce dernier est le verbe *avoir,* également auxiliaire le plus souvent. Quant à la particule *ç',* où il ne faut omettre ni la cédille – devant un *a* – ni l'apostrophe, c'est le pronom démonstratif *ce,* ou *cela,* voire *ça,* ce dernier très couramment usité devant une forme conjuguée du verbe *être*

suivie d'un complément ou d'un attribut (*ça a été un véritable drame; ça aurait été grandiose!*).
Il serait vain de chercher à établir si, en tel ou tel cas, *ç'* représente *ce, cela* ou bien *ça*. Pour la raison, suffisante, qu'il a pu se substituer à chacun de ces trois pronoms! Ainsi, *ç'a paru être en vain* correspond à la fois à : *ce a paru..., cela a paru...*, et *ça a paru...* En revanche, dans nombre de phrases le *ç'* est ressenti comme une abréviation de *cela* (considéré comme étant du bon langage) ou de *ça* (jugé plus populaire) : *ç'aurait été stupide!* De nombreux auteurs ont hésité, hésitent encore, à élider *ça*, préférant un hiatus à une expression plus légère qui apparaît moins correcte. – Devant un autre verbe qu'*être* et *avoir* il n'y a pas élision (on écrit : *ça oblige à revenir, ça apparaissait complètement farfelu*, etc.), sauf avec le semi-auxiliaire *aller* (mais peu de gens se risqueraient à écrire, comme André Billy dans *le Figaro littéraire* du 10 mars 1969 : « *Ç'alla bien, en effet!* »).
L'élision intervient fréquemment devant le pronom *en* : *c'en était fini...; c'en devient agaçant!*

« causer à », causer de

« Il causait de moi à ses amis », « il m'a causé familièrement ». La règle constante énonce que le verbe *causer* doit être employé ou bien absolument *(nous causions entre nous, le dernier salon où l'on cause, le bruit nous empêche de causer)* ou bien accompagné de la préposition *avec (avec qui causiez-vous ?, j'ai longuement causé avec le directeur),* à moins que, transitif indirect, on ne l'assortisse de la préposition *de (on a causé de tout et de rien)* ou d'un substantif en apposition *(causer littérature).* Les dictionnaires précisent bien qu'il est incorrect d'utiliser la préposition *à* (« j'ai causé à Gabriel ») ou un pronom personnel complément (« je lui causais parfois », « elle te causera de ses déboires »). Sans doute les écrivains respectent-ils la règle en général, sauf, bien entendu, quand ils transcrivent ou imaginent une conversation en langage relâché, car dans le peuple il est banal de dire : « causer à... » ou « je lui ai causé », probablement par contamination de *parler à...* et de *je te parle,* formes qui,

elles, sont licites. Cependant, Grevisse cite des exemples de *causer* employé avec un pronom personnel complément chez Corneille, Jean-Jacques Rousseau, Taine, et il semble que cela, autrefois, ne choquait pas ; de même, il mentionne « causer à... » chez Flaubert, Romain Rolland, Chardonne, Claudel. Selon Gide, la forme critiquée finira par s'imposer, et la défense de la règle ne serait qu'un combat de retardement. Peut-être d'ailleurs ne sera-ce que le retour d'un archaïsme pieusement conservé dans le peuple.

En attendant, l'usage correct commande l'orthodoxie. Dites : *elle a causé avec moi,* ou : *nous avons causé ensemble, elle et moi.* Sinon, utilisez le verbe *parler* : *elle m'a parlé,* ou : *nous nous sommes parlé.* En effet, la règle est justifiée par le fait que *parler* n'implique pas forcément un dialogue – on peut parler à quelqu'un sans qu'il réponde; un conférencier, par exemple, parle à un auditoire silencieux – tandis que *causer* exige un entretien où plusieurs interlocuteurs prennent la parole.

Si « Elle m'a causé (= m'a parlé) de ses ennuis » est une formule à éviter, il est en revanche parfaitement légitime de dire et d'écrire *Elle m'a causé* (= m'a créé) *des ennuis.* C'est qu'il y a deux verbes *causer,* dont on peut retracer l'histoire de la façon suivante. Le latin *causa* signifiait « procès ». Le verbe dérivé *causari,* « plaider », a donné *causer* au sens de « discourir », puis simplement « parler, converser ». Le nom *causa* a pris d'une part le sens général d' « affaire », et en ce sens il a donné *chose*; d'autre part, il a désigné la raison alléguée dans un procès, et en ce sens nous a fourni notre mot *cause.* Sur *cause* a été forgé, en français, un autre verbe *causer* signifiant « être cause de ».

« cervicale (matière) »

L'adjectif *cervical* concerne le cou, la nuque (en latin *cervix*), et non le cerveau comme peut le laisser croire la paronymie. Il faut donc dire : *la matière cérébrale* (d'après le latin *cerebrum,* cerveau). En revanche, on dira : *les vertèbres cervicales, l'arthrose cervicale,* qui se rapportent à la région de la nuque.

c'est / ce sont

« Ce sont parmi les écueils que se révèlent les grands capitaines politiques. » Cette phrase, extraite d'un article du *Canard enchaîné* (18 décembre 1985), a été mal relue sans doute par son auteur, l'excellent Yvan Audouard, sinon il l'eût certainement corrigée; « ce sont » est ici incorrect; la seule forme possible est *c'est.* En effet, *ce* ne peut y représenter aucun des deux substantifs pluriels figurant dans la phrase (écueils, capitaines); *ce,* en la circonstance, est impersonnel et englobe toute la proposition subordonnée commençant par *que.* Si l'auteur tenait à employer *ce sont,* il devait construire sa phrase autrement : *ce sont les écueils parmi lesquels ils naviguent qui révèlent les grands capitaines politiques;* ou encore : *ce sont de grands capitaines politiques qui se révèlent parmi les écueils.* Mais la meilleure forme est avec *c'est* : *c'est parmi les écueils que se révèlent les grands capitaines politiques.*

Ainsi que nous l'avons mentionné dans notre *Français pratique,* certains écrivains considèrent *c'est* comme une forme figée en nombre, parce que, selon eux, *ce* est un singulier qui ne saurait gouverner un verbe au pluriel; ils s'en tiennent donc à *c'est, c'était, ce fut, ce sera, ce serait, que ce soit, que ce fût,* pour les temps simples; voire, en toute circonstance, à *c'est* (excepté pour le subjonctif). Ils proscrivent absolument *ce sont, c'étaient, ce furent, ce seront,* etc., toujours au nom et en vertu du singulier attaché au pronom *ce*; ils jugent *ce sont* incorrect dans tous les cas. Jean Dutourd a défendu cette position puriste (*France-Soir,* 25-26 février 1979). Mais les *ce sont* que l'on rencontre chez des littérateurs considérables (Victor Hugo : *ce sont – Ceux dont un dessein ferme,* etc. [*Châtiments,* IV, IX]; *ce sont nos capitaines* [*Légende des siècles,* LIV, IX]) et les *sont-ce* présents un peu partout, notamment chez Molière (*les Femmes savantes,* III, II) et chez Musset (*le Chandelier*), autorisent à penser autrement et à regarder *ce sont, c'étaient, ce furent,* etc., comme parfaitement corrects à condition d'être bien employés, ce qui n'était pas le cas dans l'exemple emprunté ci-dessus au très estimable Yvan Audouard. – Dans la forme inversée, *étaient-ce,* pluriel, est employé (comme les singuliers *est-ce, fut-ce* et *fût-ce*), quoique critiqué par les mêmes que ci-dessus; mais « furent-ce » est inusité.

« Chez Maxim's »

Rassurez-vous, vous ne commettez aucune faute le jour où vous allez dîner dans le fameux restaurant du 3, rue Royale. À condition toutefois de bien dire : *je vais dîner chez Maxim,* ou : *je vais dîner au* [restaurant] *Maxim's.* En effet, le restaurant Maxim's existe, de même que le Maxim's Business Club, mais ayez présent à l'esprit que

la finale *'s* est un cas possessif, qui signifie *chez.* Il y aurait donc pléonasme à dire « chez Maxim's », puisque l'idée contenue dans *chez* se trouverait exprimée deux fois, une fois par « chez », adverbe français issu du latin *casa,* maison (anc. franç., *chiese*; en Auvergne, on dit encore : *des chez,* des demeures, des domiciles), et une seconde fois par le possessif anglais *'s.* Ainsi, en Angleterre, vous aurez une enseigne de coiffeur : *Andrew's*; vous direz : *je me fais coiffer au salon Andrew's,* mais : *je me fais coiffer chez Andrew* (et non « chez Andrew's », qui serait pléonastique). Georges Feydeau a très correctement intitulé sa pièce *la Dame de chez Maxim* (1899), et non « de chez Maxim's ». De même, si l'on fait mention de la grande galerie de vente aux enchères londonienne Sotheby's, on dira : *j'ai acheté ce timbre-poste de l'île Maurice de 1859 à la galerie Sotheby's,* ou : *chez Sotheby,* mais non : « chez Sotheby's ».

CLICHÉS, LIEUX COMMUNS, PONCIFS; AUTOMATISMES

Robert date de 1869 l'apparition de ce sens du mot *cliché*; c'est en fait cette année-là que le Grand Dictionnaire universel du XIXᵉ siècle de Pierre Larousse le définit sous cette acception : « Phrase toute faite que l'on répète dans les livres ou dans la conversation : pensée devenue banale. » En matière de style, c'est principalement une expression dépourvue d'originalité, pour avoir été répétée à satiété. Le *lieu commun,* le *poncif,* peuvent résider dans une phrase, une idée, si évidentes qu'il est inutile, voire ridicule, de s'y appesantir ou même d'en faire mention. Le *cliché* est également cela, mais, en général, on entend par ce mot un groupe (d'ailleurs correct) de vocables si souvent employé et entendu qu'il confère au texte non point le relief qu'on voudrait lui donner mais une ronronnante platitude. C'est parfois l'assemblage de deux substantifs trop souvent associés (« un torrent de larmes »), plus souvent la réunion d'un substantif et d'un adjectif qu'une sorte d'automatisme verbal semble avoir soudés à jamais! Pierre Daninos, dans une chronique intitulée *Bons baisers d'Auckland* [1], s'est amusé à énumérer quelques-uns de ces clichés qu'il a relevés dans un dépliant touristique relatif à la Nouvelle-Zélande : « végétation luxuriante, prairies verdoyantes, torrents tumultueux, halls spacieux, contrastes frappants, spectacle saisissant, collines escarpées, traditions vivaces », etc. C'est la manie d'accoler un adjectif, et toujours le même, au même substantif, ce qui retire au discours toute nouveauté, tout imprévu.

Attention : il n'est nullement question de proscrire l'adjectif, ni d'exiger, dans son emploi, des choix qui confinent à l'excentricité; l'adjectif est nécessaire, et même ceux qui recommandent de le limiter à l'extrême en poésie s'abusent certainement. Il ne faut pas non plus rejeter à tort et à travers des formules figées qui sont devenues non des clichés mais des expressions complètes, définitives, en deux mots; par exemple, un *joyeux drille* forme une seule expression composée de deux vocables inséparables, comme un *petit pois* ou un *haut fourneau* : on ne dit jamais tout court « un drille », encore que ce ne serait pas une faute, et l'on ne dit pas davantage « un triste drille ». Donc, *joyeux drille* forme un couple dont la dichotomie isolerait fâcheusement l'élément principal. Il ne s'agit pas là d'un véritable cliché. Car il faut distinguer.

Certaines expressions : *un fameux toupet, un fieffé menteur*, etc., sont des clichés, certes, mais ressortissent au parler facile, nullement condamnable. On ne saurait exiger de bannir du langage toute locution imagée qu'il a

1. *La République du Centre,* Orléans, 1er-2 mars 1986.

retenue de longue date. De même, il est des expressions banales mais inévitables, par exemple : *un site pittoresque*; il est en effet des sites qui ne le sont pas, et, si l'on veut faire savoir qu'un site l'est, le mieux est de le dire dans les termes les plus simples, tout comme on recommande de dire : *il pleut*, quand on veut dire que la pluie tombe. Parfois, un cliché s'autorise de la référence d'un auteur célèbre, tel *un monstre odieux* :

> Il n'est point de serpent, ni de monstre odieux,
> Qui, par l'art imité, ne puisse plaire aux yeux...
>
> Boileau, *l'Art poétique*, III.

ou encore de la faconde tribunitienne : *les classes laborieuses, l'intérêt national, la conscience universelle*, etc. Enfin, dans des formes convenues, se cache parfois une intention discrète, par exemple : *une assistance choisie*, formule qu'affectionnent les journalistes quand, rendant compte d'une réunion, ils veulent faire entendre qu'il n'y avait là que trois tondus et un pelé. Ce qu'on doit écarter, ce sont les clichés ressassés et rabâchés qui affadissent un texte et lassent le lecteur à force d'être rebattus. Nous avons tenté ci-dessous d'en établir une liste qui n'a rien d'exhaustif et qui ne doit être pour le lecteur qu'une incitation à débusquer d'autres redites du même genre :

une activité dévorante
des adieux déchirants
un sanglant affront
des applaudissements nourris
un lâche attentat
une barrière infranchissable
être toujours sur la brèche
un destin fatal *ou* un fatal destin
des opinions diamétralement opposées
une mâle éloquence
une erreur monumentale
un vil flagorneur
le glaive vengeur
le glas funèbre (*pléonasme autant que lieu commun*)
une mauvaise grippe
un vibrant hommage
un mystère insondable
inscrire une page de gloire
d'amers reproches
être résolument tourné vers l'avenir
des révisions déchirantes

le sceau du silence *ou* du secret
garder un souvenir inoubliable
s'aventurer sur un terrain glissant
une vilaine toux
un honteux trafic
une vallée de larmes
une violence aveugle

Naturellement, chacune de ces expressions, avant de devenir un cliché, eut son heure d'originalité, au lendemain de son apparition. C'est son usage pléthorique – on pourrait dire son usure – qui l'a dévalorisée.
Les clichés résolument pléonastiques doivent être rejetés. C'est le cas notamment de : « un faux prétexte », « un mirage trompeur », « des illusions trompeuses », etc. Voir à ce sujet « ***faux prétexte*** », p. 121.

Les *automatismes* sont des formes d'expression procédant de la répétition machinale de locutions toutes faites, amenées spontanément par une habitude mentale. L'adjectif y détient la majorité. Ainsi l'on dira : une verte prairie, un vin gouleyant, une accorte serveuse, un petit bistrot, un pourboire royal, une misère noire, une cuite carabinée, un gros rhume, une bonne grand-mère, etc.
Voici une liste succincte d'*automatismes,* qui peuvent s'ajouter aux clichés proprement dits ; ce ne sont pas des incorrections, mais des redites dont il vaut mieux restreindre l'usage à cause de leur manque d'originalité :

des allégations mensongères
un appui sans réserve (*voir* soutien)
des attaques délibérées
aucune hésitation n'est permise
une brusque volte-face
des calculs intéressés
une certaine effervescence
une chaude alerte
une complète identité de vues
une confiance inébranlable
le contentieux à liquider
un démenti formel
l'entière responsabilité
se moquer éperdument de...
une étroite collaboration
une extrême vigilance
de fâcheux antécédents
une femme de mœurs légères

être fermement décidé, *ou* résolu
une foi inébranlable
frapper haut et fort
le frêle édifice de...
un grand retentissement
gros entrepreneur, gros industriel, gros rhume, etc.
de la plus haute fantaisie
une ignorance crasse
l'immense majorité
un impératif absolu
son indéfectible attachement
une intense activité diplomatique
les intérêts supérieurs du pays
des interlocuteurs valables
un large échange de vues
des lectures mal digérées
de légitimes revendications
un nationalisme exacerbé
une obstruction systématique
pacifiste(s) à tout crin *ou* : à tous crins
pacifiste(s) bêlant(s)
un pâle voyou, un petit voyou
une position sans équivoque
une preuve éclatante
repousser avec énergie (*ou* avec la dernière énergie) cette offre, cette proposition
les rouages essentiels
soutien (*ou* appui) sans réserve (*ou* inconditionnel)
de sévères sanctions
une surveillance accrue
un témoignage accablant
c'est vachement terrible!
procéder à un vaste tour d'horizon

On ne commet pas d'incorrection proprement dite quand on se sert de l'un de ces termes; la plupart peuvent correspondre à l'expression d'une réalité. Simplement, leur accumulation, leur retour répété, donne ce qu'on appelle métaphoriquement la « langue de bois », dont sont prodigues quelques personnalités politiques. D'autre part, dans le vocabulaire de la jeunesse et des écoles, il s'est créé des formules originales qui, véritables trouvailles à leur apparition, se sont tellement généralisées que leur suc s'est épuisé ou affadi; sans les proscrire, on peut conseiller d'en modérer l'emploi.

Columbia (université « de »)

Attention : l'université *de* Columbia est celle qui siège à Columbia (Caroline du Sud). Au contraire, il faut dire : *université Columbia* (sans « de ») si l'on parle de l'établissement situé à New York et qui, résultant de la fusion du King's College et de l'université de l'État de New York en 1784, d'abord *college* et devint université en 1912. Selon qu'on emploie ou non la particule *de,* on désigne deux établissements différents. (Voir aussi ***Harvard, Yale,*** respectivement pp. 129 et 251).

« commémorer un anniversaire »

Prendre garde à ceci : on *fête* ou on *célèbre* un anniversaire, on ne le « commémore » pas, car « commémorer » c'est remettre en mémoire un événement. En fait, on *commémore* l'événement dont on *célèbre* l'anniversaire. Exemple : le 14 juillet 1986, on a *commémoré* la prise de la Bastille, on a *célébré* le cent quatre-vingt-dix-septième anniversaire de ce fait historique. Mais on n'a pas « commémoré » ledit anniversaire.

« commettre un acte héroïque »

Le verbe *commettre* ne peut amener qu'un terme ou une expression qualifiant un méfait, un acte répréhensible – et non une bonne action. On ne « commet » pas un sauvetage! En revanche, on *commet* un crime, un délit, une mauvaise action... L'éventail en est large, hélas!

concert (de), conserve (de)

Ces deux locutions s'emploient, mais leur sens est différent; il vaut mieux ne pas les utiliser l'une pour l'autre. Deux ou plusieurs personnes agissent *de concert* quand elles se sont mises d'accord (concertées) au préalable, ou le sont au moins tacitement : *c'est de concert que nous avons présenté cette pétition.* Deux ou plusieurs bateaux naviguent *de conserve* (ou, par extension, *vont de conserve* deux voitures, deux coureurs, deux piétons, etc.) quand ils suivent la même route à la même allure. La locution vient du terme de marine *conserver* : naviguer en gardant à vue.

Les deux expressions ont si bien rapproché leurs sens que certains dictionnaires entérinent, pour *agir de conserve*, l'acception d'*agir en accord* (avec quelqu'un), qui, en toute rigueur, ne s'applique qu'à *de concert*; cf. Robert, *Dictionnaire de la langue française.*

« conclùerent, concluеront »

Faute énorme, malheureusement assez fréquemment constatée. Est-il besoin de la souligner ? Chacun sait qu'il n'existe pas de verbe « concluer » qui autoriserait à le conjuguer ainsi. Il faut naturellement dire et écrire : *les jurés conclurent à la préméditation; les médecins concluront* (sans *e* entre l'*u* et le *r*) *qu'il faudra l'opérer.*
Rappelons l'essentiel de la conjugaison :
Indicatif présent : *je conclus, nous concluons, ils/elles concluent.* Imparfait : *je concluais, nous concluions, ils/elles concluaient.* Passé simple : *je conclus, nous conclûmes, ils/elles conclurent.* Futur : *je conclurai, nous conclurons, ils/elles concluront.*
Conditionnel présent : *je conclurais, nous conclurions, ils/elles concluraient.* Impératif présent : *conclus, concluons.*
Subjonctif présent : *que je conclue, que nous concluions, qu'ils/qu'elles concluent.* Imparfait : *que je conclusse, que nous conclussions, qu'ils/qu'elles conclussent.*
Participe présent : *concluant*; passé : *conclu(e).*
Les temps composés se conjuguent avec l'auxiliaire *avoir.*
Et, puisque le français n'est pas une langue de tout repos, il convient peut-être de rappeler aussi que l'on écrit *j'ai conclu* et *j'ai exclu* (sans *s*), mais *j'ai inclus*! Encore sied-il de mentionner que les classiques écrivaient « exclus », « excluse » (ex. dans le *Bajazet* de Racine, III, III), graphie et accord aujourd'hui condamnés.

« conjonctures (se perdre en) »

Hélas! cette grosse faute n'est pas imaginaire : nous l'avons trouvée très souvent, entre autres sous une plume académique dans *France-Soir* (coquille, peut-être ?). En réalité, on se perd en *conjectures*, c'est-à-dire en suppositions, en hypothèses, ce qui fait qu'on reste dans l'incertitude. La *conjoncture*, c'est tout autre chose : un ensemble de circonstances d'où résulte une certaine situation; par exemple, on dira : *nous nous trouvons dans une pénible conjoncture, dans une heureuse conjoncture*; et, au sens absolu : *la conjoncture*, la situation actuelle (du monde, du pays, de l'économie, des opérations militaires).

connaissance « de » (faire)

Cette forme est fautive. Il est incorrect de dire : faire connaissance « de » Jacques. Le style autorise deux formes : faire *la* connaissance *de* Jacques, ou encore : faire connaissance *avec* Jacques. Se souvenir de ceci : *la* et *de* vont ensemble, alors que l'absence de *la* exige *avec.* Les deux locutions n'ont pas tout à fait le même sens; il appartient à celui qui écrit de faire son choix.

« conséquents (des dégâts) »

Emploi vicieux d'un adjectif qui, lorsqu'il est usité dans son sens réel, signifie *en corrélation avec..., fidèle à...* C'est en trahir l'étymologie que de dire : « posséder des biens conséquents », « les dommages conséquents que cet accident a causés », en attribuant à l'adjectif le sens de *très importants.* Au contraire, il est excellent d'écrire : *Cet homme politique a été conséquent avec ses promesses en démissionnant d'un poste où il eût été incapable de les tenir.* En effet, *conséquent* implique obligatoirement l'idée de conséquence, de résultante, de continuité.

« convenu de, que (nous avons) »

La formulation est fautive tant au singulier (« il a convenu de son erreur »; « ... qu'il s'était trompé ») qu'au pluriel (« nous avions convenu de nous rencontrer, de dîner ensemble, de ne pas répondre à cette convocation »; « ... que ce livre serait publié en octobre », etc.). Lorsque *convenir* (*de, que*) signifie « se mettre d'accord sur..., à propos de », seul l'auxiliaire *être* est correct : *nous étions convenus de nous voir, ... que nous ne nous écririons plus*, etc. – L'emploi de l'auxiliaire *avoir* avec le verbe *convenir* est réservé au cas où celui-ci veut dire « agréer, plaire, être approprié à..., être seyant » (forme adjective du participe présent du verbe *seoir*). Exemples où *conve-*

nir est correct avec *avoir* : *Cet arrangement m'a tout à fait convenu; Autant l'ancienne décoration a convenu à cette pièce, autant la nouvelle la dépare.* – Dernière remarque : naturellement, *convenir* dans ce sens (avec *avoir*) reprend l'auxiliaire *être* s'il acquiert la forme pronominale : *Nicole et moi nous sommes convenus, c'est pourquoi nous nous sommes mariés.* Ici, pas d'hésitation, puisqu'on est dans la règle générale de la grammaire.

COORDINATION (PIÈGES DE LA)

« Ce n'était pas ces propos absurdes que j'aurais dû lui tenir, mais lui révéler ce que sa seule présence créait en moi [...] » (Emmanuel Roblès, *le Vésuve*).
« Après les interventions de plusieurs députés sur les dangers et la lutte contre la drogue, le nouveau premier ministre [...]. »
Les deux « exemples » ci-dessus montrent deux types de coordination incohérente. Car on ne peut coordonner, syntaxiquement, que des éléments (mots ou groupes de mots : sujets, compléments, attributs, propositions principales, propositions relatives...) de même nature ayant la même fonction dans un énoncé. Cette coordination est marquée par des conjonctions de coordination, par des locutions conjonctives de subordination ou par un certain nombre de mots classés dans les adverbes. La virgule sépare souvent des termes coordonnés juxtaposés, alors que le point-virgule peut être considéré parfois comme

un élément de coordination entre deux propositions. Les deux-points peuvent jouer un rôle identique : *Pierre plantait de nombreuses fleurs : des roses, des géraniums, des bégonias et des œillets de poète.*

La première phrase que nous citions était bancale parce que les termes associés par le sens (*propos absurdes* et *révéler*) ne sont pas de même valeur grammaticale : un syntagme nominal d'abord, un verbe à l'infinitif ensuite. Il eût donc été nécessaire de modifier le texte, d'écrire par exemple : « *Je n'aurais pas dû lui tenir ces propos absurdes, mais lui révéler* [...]. »

Le type d'asymétrie de la seconde phrase est différent, et plus net que le premier; il consiste en un renvoi à un même complément (*drogue*) de deux substantifs qui exigeaient une construction distincte (dangers *de* la drogue et lutte *contre* la drogue). Le journaliste eût été plus inspiré en équilibrant mieux sa rédaction : *Sur les dangers de la drogue et sur les moyens de lutter contre la propagation de ce fléau.*

Cela étant posé, voyons quelles sont les formes inacceptables de coordination incohérente et celles qui, quoique insolites parce que rarement employées, sont admissibles... Nous mentionnerons aussi quelques coordinations burlesques, volontairement humoristiques, coq-à-l'âne intentionnellement commis par les auteurs. Ainsi, qui oserait condamner la coordination du concret et de l'abstrait dans l'éblouissant « *Vêtu de probité candide et de lin blanc* » de Hugo (*la Légende des siècles*, « Booz endormi ») ? Mais attention : le zeugme grotesque est plus fréquemment noté que le génial trait poétique!

Qu'est-ce, en effet, que le *zeugme,* ou *zeugma* ? D'un mot grec signifiant « lien », on appelle ainsi une figure de syntaxe qui consiste à réunir plusieurs termes, plusieurs membres de phrase au moyen d'un élément qu'ils ont en commun, et qui ne sera pas répété : *Les Italiens sont bavards, les Allemands* [*sont*] *disciplinés, les Écossais* [*sont*] *avares.* La réunion d'un terme abstrait et d'un terme concret est appelée *zeugme sémantique.*

Exemples :

> Vos veuves au front blanc, lasses de vous attendre,
> Parlent encor de vous en remuant la cendre
> De leur foyer et de leur cœur!
>
> Victor Hugo, *les Rayons et les Ombres*, « Oceano Nox ».

> ... l'âme sans épouvante
> Et les pieds sans souliers.
>
> Victor Hugo, *Châtiments*, II, VII, « À l'obéissance passive ».

Les éléments coordonnés doivent donc, en principe, être de même nature grammaticale et de même fonction : *J'ai acheté du café, des biscottes, du chocolat et du lait. Il est fou ou complètement idiot. Vaincre ou mourir. Paul vient nous voir à Noël; Janine, au Jour de l'An. Dès 19 heures, les rues se vidaient et les téléviseurs étaient allumés.*

Toutefois, on voit fréquemment des tournures où les termes coordonnés ne sont pas grammaticalement homologues. Ces constructions, qui sont dites « asymétriques », sont plus ou moins insolites; plus ou moins déconseillées, voire bannies.

Adjectif + groupe nominal ou subordonnée relative

La coordination d'un adjectif et d'un groupe nominal, celle d'un adjectif et d'une subordonnée relative, sont fort courantes et ne sont pas ressenties comme fautives : « *Ce clochard est ivre et d'une saleté inouïe* »; « *C'est un personnage important, et qui fit naguère la " une " des grands hebdomadaires.* » Dans le second exemple, la virgule et le *et* sont quasi pléonastiques; on pourrait tout aussi bien écrire : *C'est un personnage important, qui fit...* ou *C'est un personnage important et qui fit...* »

On accepte également les constructions où intervient un participe présent : *Et l'on vit à minuit l'oncle Benoît en robe de chambre et haut-de-forme, et brandissant le fanion du Paris-Saint-Germain!*

Nom ou groupe nominal + subordonnée

En revanche, l'usage contemporain est bien moins libre que l'usage classique lorsqu'il y a coordination d'un nom, d'un pronom, ou d'un groupe nominal, avec une subordonnée. Il n'est pas sûr qu'aujourd'hui tous les professeurs de français accepteraient de leurs élèves des phrases telles que :

> Ah! Savez-vous le crime et qui vous a trahie?

et

> L'on me l'avait bien dit, et que c'était de tous
> L'homme le plus mal fait qu'elle avait pour époux

dues respectivement aux dénommés Jean Racine (*Bajazet*) et Molière (*Sganarelle*)...

Cette asymétrie est tolérée dans le sens nom, groupe nominal → subordonnée, mais condamnée lorsque la subordonnée complétive est placée devant le nom, le pronom ou le groupe nominal : « Brigitte et Michel avaient oublié qu'ils étaient de permanence à midi et leurs deux collègues ivres de fatigue ».
« Quand on apprendra sa venue et que nous ne l'avons pas invité » : coordination théoriquement licite d'un substantif *(venue)* et d'une subordonnée, mais ressentie de nos jours par certains comme incorrecte. Il vaut mieux écrire : *Quand on apprendra qu'il est venu et que nous ne l'avons...*, où la symétrie est rétablie grâce à la coordination de deux subordonnées introduites par *que.*

Substantif + infinitif
« Je n'ai pas besoin de tes conseils ni d'écouter les sermons de Suzanne » : coordination entre un substantif *(conseils)* et un infinitif *(écouter)*. Cette coordination est condamnée par certains linguistes, qui préféreraient une symétrie plus orthodoxe entre termes grammaticalement analogues : *Je n'ai pas besoin d'écouter tes conseils ni d'entendre les sermons...*, ou bien : *Je n'ai pas besoin de tes conseils ni des sermons...*

Pronom et son attribut + complétive
« Tout le monde la savait pauvre et qu'elle vivait d'aumônes » (Marcel Jouhandeau, *Tite-le-Long*) : coordination d'un pronom régissant un attribut et d'une subordonnée complétive introduite par *que.* Tournure classique et pourtant ressentie de nos jours comme une maladresse de style. On peut rédiger ainsi : *Tout le monde la savait pauvre et vivant d'aumônes*, ou bien comme ceci : *Tout le monde savait qu'elle était pauvre et qu'elle vivait d'aumônes.*
Cette forme était licite au XVIIe siècle; ainsi Pascal pouvait-il bien écrire dans ses *Provinciales* (VI) : « Je tiens son opinion sûre et qu'elle doit être suivie dans la pratique ».

Relative + conjonctive
« On ne retiendra pas l'exposé fallacieux du sieur Valentin, selon lequel Hitler ne serait pas mort et qu'il vivrait en Amérique du Sud » : coordination illicite entre une proposition relative et une subordonnée conjonctive (*lequel* n'a pas besoin d'être repris par *qu'*). Il est aisé de

remédier à cette incorrection en écrivant : *selon lequel Hitler ne serait pas mort et vivrait...*

Proposition déclarative + proposition impérative
« Je vous l'ordonne et venez immédiatement ! » : coordination impossible entre des propositions de modalité différente : déclarative et impérative. Si l'on peut garder les mêmes mots, dans le même ordre, en portant une ponctuation différente, plus forte : *Je vous l'ordonne !... Et venez immédiatement !*, en revanche la modalité devra être « unifiée » si l'on ne forme pas deux phrases distinctes : *Je vous l'ordonne et vous prie de venir immédiatement !*

Forme composée active + forme composée passive

> Il n'a jamais été prié ni pensé à remettre à autre qu'à vous le soin d'ouvrir et de tenir l'assemblée.
>
> Madame de Sévigné.

Exemple cité par Lucien Léonard dans son remarquable *Savoir rédiger*, Bordas. Coordination inacceptable du fait de la non-répétition de l'auxiliaire dans cette tournure où sont mélangées une forme composée passive et une forme composée active. S'y ajoute, de plus, le fait que les verbes demandent une construction différente (*prier de, penser à*). De nos jours, le bon usage inciterait à écrire : *Il n'a jamais été prié de remettre à autre qu'à vous..., et n'a jamais pensé le faire.*

Verbes ou adjectifs de constructions différentes
Une correction stylistique doit être apportée lorsqu'un complément commun dépend à la fois de verbes transitifs directs et de verbes transitifs indirects. On ne peut pas dire et écrire, par exemple : « Les grenadiers de la Vieille Garde obéissaient et aimaient leurs officiers sortis du rang »... sauf si *obéir* est compris au sens absolu. Dans ce dernier cas, un adverbe s'imposerait *(obéissaient aveuglément)* ou bien il s'avérerait plus que souhaitable de modifier la tournure de la phrase : « *Les grenadiers de la Vieille Garde, réputés pour leur obéissance totale à leurs supérieurs, aimaient leurs officiers sortis du rang* ».
Si *officiers* est bien un complément des deux verbes *obéir* et *aimer*, il faut recourir à des constructions correctes telles que : « *Les grenadiers de la Vieille Garde aimaient leurs officiers sortis du rang, et leur obéissaient.* »

JEAN DUTOURD
VICTOR HUGO
BAUDELAIRE
MOLIÈRE

Cette recommandation s'applique aussi au complément de deux adjectifs coordonnés : « Ce film est à la fois distinct et semblable à celui de Preminger ». Deux tournures sont correctes : *Ce film est à la fois distinct de celui de Preminger, et semblable à lui* et *Ce film est à la fois semblable à celui de Preminger, et distinct de lui.*

Asymétries diverses

> Le déchiquetage des remous y semblait immobilisé et avoir dessiné pour toujours leurs cercles concentriques »
>
> Proust, *Sodome et Gomorrhe.*

De nos jours, ce type d'asymétrie est si rare et si insolite qu'il est déconseillé par les ouvrages grammaticaux. Le *Larousse de la grammaire* (1983) dit ainsi : « La coordination entre un nom [...] et un infinitif est théoriquement possible, mais on préfère souvent l'éviter. Au lieu de : [...] *Je demande du calme et à réfléchir un moment*, on dira plutôt, par exemple : [...] *Je désire réfléchir dans le calme, etc.* »

Remarque : la conjonction *et* n'introduit pas toujours un terme (ou un groupe de mots) coordonné à un homologue grammatical qui précéderait; elle peut tout simplement servir à mettre en valeur le(s) mot(s) qui suit (suivent) : *Le prétendant de Françoise était conseiller général, et d'un canton aux riches industries; Il y a enfin au pouvoir des hommes à poigne, et qui pensent !...*

Relevé dans *Télérama,* 23 avril 1986, à propos de deux acteurs comiques : ils faisaient « moins rire que pitié ». Le journaliste aurait dû utiliser deux verbes à l'infinitif *(Ils faisaient moins rire que pleurer)* ou bien deux substantifs *(Ils faisaient moins envie que pitié).* Car dans ce genre de construction, où deux éléments se trouvent coordonnés ou confrontés, les deux termes ou propositions doivent être de même nature grammaticale : deux adjectifs, deux substantifs, deux infinitifs, etc.

« Nos techniciens ont tout prévu et rien à déclarer. » Cette phrase, relevée dans un périodique satirique (7 mai 1986), offre la particularité blâmable de comprendre une proposition principale affirmative au passé composé et, greffée sur elle, une coordonnée négative où un infinitif introduit par la préposition *à* est censé se raccorder à un verbe sous-entendu qui ne peut être qu'au présent de l'indicatif *(n'ont).* Cet exercice de trapèze va trop loin. Que la principale ait un complément direct, *tout,* et que la coordonnée soit au régime transitif indirect, cela n'est pas gênant. Ce qui gêne, c'est l'absence du verbe négatif dans cette dernière : il ne peut demeurer sous-entendu; il fallait absolument le répéter, donc écrire : *Nos techniciens ont tout prévu et n'ont rien à déclarer.* La coordination l'exige, celle de la syntaxe comme celle des idées.

« Nous estimons non seulement les œuvres de cet historien, mais aussi nous respectons son altruisme » : construction malhabile! Il faut dire et écrire : *Nous estimons non seulement les œuvres de cet historien, mais aussi son altruisme* ou bien : *Non seulement nous estimons les œuvres de cet historien, mais aussi nous respectons son altruisme...*

En résumé, il convient de remarquer que l'usage contemporain prône le respect de la symétrie et exige que les éléments coordonnés soient de même nature grammaticale et aient une même fonction. Les constructions « asymétriques » peuvent parfois être acceptées, au nom de la souplesse de la langue, à condition de ne pas bafouer les lois de la syntaxe, ou du bon sens. La coordination de notions physiques et morales, concrètes et abstraites, peut fort bien s'admettre, à condition de ne pas sombrer dans les zeugmes outranciers. (Tel Henri Bosco, qui, dans *le Mas Théotime,* a écrit, sans doute par inadvertance : « Elle avait un corsage noir et, devant elle, une corbeille ronde pleine de torchons. » Ou Jules Romains, qui s'est laissé aller à écrire : « J'ai l'estomac fragile et horreur du graillon »...)

coupe sombre / coupe claire

L'expression *des coupes sombres* est correcte, mais souvent employée de façon critiquable. Une *coupe sombre* est une coupe de peu d'importance (où, dans la forêt, au sens propre, on n'a abattu des arbres que de loin en loin, laissant le sous-bois dans le *sombre*). Au contraire, une *coupe claire* est une coupe *sévère* (où, dans la forêt, toujours au sens propre, on a coupé tant d'arbres que le sous-bois est devenu clair). Si, dans un personnel, on a licencié un tiers de l'effectif, on y a opéré des *coupes claires,* et non pas des « coupes sombres ».

Le sens de ces deux expressions s'est perdu au fil des ans, sauf en sylviculture, et de nos jours la plupart des gens interprètent à contresens ces formules... Aussi, un locuteur ou un scripteur soucieux de se faire bien comprendre ont tout intérêt à remplacer *coupes sombres* par *coupes légères,* par *coupes peu importantes* ou par *coupes de peu d'ampleur,* tandis que *coupes sévères, coupes importantes* remplaceront avec avantage des *coupes claires* que seuls les forestiers percevraient... clairement.

« cour d'assises de Nanterre, de Bordeaux »

L'article 232 du Code de procédure pénale déclare qu'*il est tenu des assises à Paris et dans chaque département.* Les articles suivants indiquent que si les assises se tiennent ordinairement au chef-lieu des départements le siège de la cour d'assises peut être fixé dans une autre ville du département, à titre exceptionnel.
Le bon usage est donc de mentionner le nom du département concerné, et non celui de la ville où siège cette cour. Il faut dire : *la cour d'assises des Hauts-de-Seine,* ou, par abréviation, *les assises des Hauts-de-Seine*; *la cour d'assises de la Gironde*, etc. (Et non « de Nanterre » ou « de Bordeaux », etc.

dangerosité

Le mot *dangerosité* est-il... dangereux pour la santé de la langue française ? Le débat est ouvert. Dans *France-Soir*

Magazine du 15 mars 1986, n° 12936 du quotidien, M. Jean Dutourd, de l'Académie française, relate qu'il a entendu, au journal de 8 heures du soir d'Antenne 2, le présentateur déplorer la « dangerosité » des rallyes automobiles. Il commente : « Le danger des rallyes ou les dangers des rallyes ne lui suffisaient pas. Dans mon enfance, les professeurs de français des lycées tonnaient contre *solutionner,* que les ignorants avaient inventé pour dire *résoudre.* Tonneront-ils aujourd'hui contre *dangerosité*? Je crains que cette horreur ne leur plaise. Enfin, peut-être pas à tous. » En tout cas, ce mot n'a pas déplu aux rédacteurs du Petit Larousse illustré 1986, dictionnaire qui l'enregistre avec cette définition (page 280) : « DANGEROSITÉ n. f. *Psychiatr.* Estimation de la probabilité de passage à l'acte délictueux chez un sujet. (Syn. ÉTAT DANGEREUX.) »
Cette adoption spécialisée ne contredit pas l' « *horreur* » que le mot inspire à Jean Dutourd, pour qui c'est « le pompon du charabia ». On peut très bien admettre son entrée et sa présence dans le langage de la psychiatrie et en prohiber – ou du moins déconseiller – l'emploi dans le parler courant... et dans une émission sur le sport automobile. Le seul argument favorable, c'est que son sens n'est pas douteux : la dangerosité, pour qui use de ce mot, est la part, le pourcentage (la proportion, le taux, le coefficient) de danger que comporte une action quelconque, une situation, une épreuve, une décision, ou encore le contact d'un individu.

« dans une liste »

Les défenseurs du bon style prônent : *sur* une liste, *sur* un palmarès, *sur* un registre. C'est ce qu'enseigne Adolphe V. Thomas *(Dictionnaire des difficultés de la langue française,* Larousse, 1956).

> Et toutes deux ont mis leur doigt sur ce registre.
>
> Hugo, *Légende des siècles.*

Notons que c'est le contraire avec le substantif *journal* (voir « ***sur le journal*** **[lire]** », p. 232.

« de Auch »

Cela commença comme une mode, et certains l'ont pris pour une obligation typographique. On lit sur les affiches et dans les journaux, on entend à la radio et à la télévision : « la ville de Auch », « d'après le roman de Albert Camus », « un film de Éric Rohmer », etc. Certains s'imaginent peut-être qu'un nom propre ne supporte pas l'élision des mots qui le précèdent, ce qui est évidemment une erreur. Il faut : *la ville d'Auch; d'après le roman d'Albert Camus; un film d'Éric Rohmer,* etc.

Voir **ÉLISION**, p. 101.

« débuter des travaux »

Depuis qu'une épidémie s'est abattue sur la langue française, on assiste à une déliquescence du transitif et de l'intransitif. Sur les ondes notamment, on ne cesse d'entendre : « Nous allons débuter l'émission par... », « c'est lundi que Robert Barbon-Tendron débutera son show », etc. Il convient de rappeler, sans se faire trop d'illusions, que le verbe *débuter* est intransitif; il ne peut avoir de complément direct [1]. On a toute latitude de dire

1. *Débuter* a également un autre sens, celui d'*écarter du but,* en certains jeux comme le jeu de boules; dans cette acception, il est transitif : *débuter une boule.* Le Gr. Lar. encycl. (1960) a admis *débuter* transitif au sens de *commencer* en matière d'instruction publique : « débuter un élève »; cette extension est discutable.

et d'écrire : *le spectacle de Barbon-Tendron débutera lundi, notre émission débutera par...,* etc. De même : *nos travaux débuteront* (tel jour), ou encore : *nous allons commencer les travaux* (de ravalement), *nous commencerons l'émission par..., Barbon-Tendron commencera son spectacle* (lundi prochain), etc. Car, soulignons-le, le verbe *commencer* existe, il n'a pas été mis au ban du vocabulaire, et, de plus, il est transitif.

décade

« Ces dix dernières années, quelle décade! » Emploi vicieux du mot *décade,* qui, s'il signifie bien « dix ans » en anglais (sans accent, bien entendu), veut dire en français *dix jours.* Une période de dix années est une *décennie.* C'est à tort que certains dictionnaires enregistrent sans commentaire le faux sens.

« décrépie (une vieille femme) »

Il y a confusion : un vieillard peut être *décrépit* (avec un *t* final), une femme âgée peut être *décrépite,* c'est-à-dire que l'un et l'autre sont atteints de décrépitude, que le poids des ans les a brisés. En revanche, une maison peut être *décrépie,* ce qui signifie qu'elle a perdu son crépi, son revêtement de plâtre ou de ciment à la surface plus ou moins inégale. Un mur, une façade, un pignon, peuvent être *décrépis.*

On sent tout de suite d'où provient la confusion : d'une part, les deux mots, au masculin, se prononcent de la même façon; d'autre part, une maison *décrépie* peut fort bien attester une certaine décrépitude; exemple chez Hugo : *Une sombre masure apparaît, décrépite* (*Légende des siècles,* LII, « Les pauvres gens », V). – Une scie de la « belle époque » utilisait « décrépi » dans son acception erronée :

> Quand je photographie
> Une vieill' décrépie,
> C'est 5 francs debout, 3 francs accroupie;
> Si c'est un' jeun' fille,
> Ce n'est plus qu'trent'-cinq sous;
> Si ell' veut m'embrasser
> Ce n'est plus rien du tout!

L'auteur de cette chansonnette a employé « décrépie » à contresens, soit par ignorance, soit pour obéir à la

tyrannie de la rime, car il était impossible de faire rimer *décrépite* avec *photographie.* Mais on peut alléguer en sa faveur qu'il ait pu imaginer le maquillage d'une vieille femme comme un « crépi », comparaison certes bien éloignée de celle de Racine (*Athalie,* II, V) dépeignant Jézabel et

...cet éclat emprunté
Dont elle eut soin de peindre et d'orner son visage
Pour réparer des ans l'irréparable outrage.

Auquel cas, ayant perdu ses fards, la pauvre vieille aurait pu être dite « décrépie »... Ce n'est là qu'une supposition gratuite pour accorder à un parolier oublié le bénéfice du préjugé favorable!

Si l'on raisonne sur le cas *décrépi/décrépit,* l'étymologie nous apporte l'élément suivant : les deux mots se sont rejoints au terme de parcours fort différents. *Décrépit* est la transcription du latin *decrepitus,* vieux, vétuste. *Décrépir* est un dérivé de *crépir,* littéralement « rendre granuleux », d'après l'ancien français *cresp,* frisé, granuleux, cloqué, lui-même issu du lat. *crispus,* frisé, crépu.

« définir ce qui peut l'être »

C'est entendu, on trouve cela, ou une formule du même genre, sous les meilleures plumes : « sauver ce qui peut l'être », « entendre ce qui peut l'être sans danger », etc. Il n'en reste pas moins que, si l'on cherche à analyser la phrase, on bute sur une impossibilité : le pronom personnel élidé *l'* (devant l'infinitif de l'auxiliaire *être*) se rapporte à des infinitifs : *définir, sauver, entendre,* de telle sorte que, si l'on reconstitue la phrase synthétiquement, on obtient : « définir ce qui peut être définir », « sauver ce qui peut être sauver », « entendre ce qui peut être entendre », phrases qui n'ont absolument aucun sens. Abusivement, le pronom *l'* est censé représenter un participe passé sous-entendu, c'est-à-dire supprimé par une ellipse hardie ; tour de création relativement récente et qui a tendance à se répandre jusque chez des écrivains fort estimables. Sans purisme excessif, il est tout de même permis de mettre en garde contre cette figure de style qui substitue un mode à un autre, un temps à un autre, dans une sorte de trapèze volant grammatical. Le procédé a été employé d'abord avec les verbes du premier groupe parce que l'infinitif présent et le temps simple du participe passé se prononcent de la même façon : *aimer, aimé; sauver, sauvé.* Phonétiquement, en langage parlé, cela pouvait s'admettre. On en est venu ensuite aux verbes des autres groupes, où cette identité de prononciation n'existe plus : *définir, défini; entendre, entendu.* Et, ici, c'est tout à fait choquant! Que faire? Eh bien! à notre avis, la répétition du verbe est le moindre mal : *définir ce qui peut être défini, sauver ce qui peut être sauvé, entendre ce qui peut être entendu.* Si la souplesse de la langue ne s'est pas effarouchée d'un barbarisme (car c'en est un, au regard du style analytique), elle ne criera pas au viol pour une simple répétition.

« demander une question »

Il est tout à fait incorrect de faire de « demander une question » un synonyme de *questionner,* car *questionner,* c'est poser une question, solliciter une réponse. *Poser une question* est donc la locution qui s'impose si l'on tient à employer le mot *question.*
L'expression que nous condamnons ici ne pourrait être utilisée qu'au sens très précis, et d'usage restreint, de solliciter un texte de question, de demander que l'on suggère une formulation de question.

« démarrer une affaire »

Cet emploi transitif du verbe *démarrer* est passé du langage marin (*démarrer un canot,* lui ôter ses amarres) au langage professionnel plus étendu et au langage courant. On entend : « démarrer sa voiture », « démarrer une affaire, une enquête, une émission radiophonique », etc. Un style rigoureux exigerait, selon ses défenseurs, que l'on réservât l'emploi transitif au langage des marins, ou tout au moins aux bateaux. Dans les autres cas, il serait préférable de dire : *faire démarrer sa voiture, son affaire, une enquête, une émission,* etc. L'usage absolu, naturellement, n'est pas contesté : *impossible de démarrer; vas-tu démarrer, à la fin ?;* il est, somme toute, le seul emploi figuré qui soit tout à fait inattaquable.

dentition / denture

« Charles, à dix-huit ans, a une bonne dentition. » Non : à dix-huit ans, Charles possède une bonne et solide *denture.* Mais, quand il était en bas âge, il a fait une bonne *dentition.* La *denture* est l'ensemble des dents, la *dentition* est le fait de mettre ses dents, le temps où un bébé les met. L'influence irrésistible du mot en *-tion* a fait à demi oublier le mot *denture,* et les dictionnaires eux-mêmes se

montrent tolérants; pourtant, l'existence des deux mots et la différence de sens qui les sépare font partie de la richesse de la langue française, et ceux qui ont le souci de la bien écrire et parler devraient en tenir compte.

« départissais (je me)

Erreur de conjugaison. Le verbe *départir* est du troisième groupe, donc ne prend pas la finale *iss.* On doit dire et écrire : *je me dépars* (de mon calme, etc.), *nous nous départons* (ind. prés.), *je me départais, nous nous départions* (imparf.). Se conjugue comme *partir* au sens de « quitter l'endroit où l'on est ».
Les deux seuls verbes de cette forme qui soient du

deuxième groupe (finale *iss* à l'imparfait de l'indicatif et au participe présent) sont *impartir* et le verbe *partir* au sens de « partager », mais ce verbe devenu défectif ne se conjugue plus et ne survit aujourd'hui qu'à l'infinitif dans l'expression *maille à partir.*

« dépêcher en hâte »

« Le gouvernement a dépêché en hâte deux régiments de parachutistes. »
Les politiciens, les mauvais journalistes, ont pour habitude d' « étoffer » leurs propos de bouffissures de langage, de pléonasmes..., croyant ainsi, sans doute, donner plus de force, à ce qu'ils disent. Bien évidemment, ces « ficelles » – naïves ou calculées – tombent dans la banalité et ne confèrent pas le moindre « impact » supplémentaire au commentaire du journaliste ou aux déclarations d'un publicitaire, d'un politologue, d'un homme politique, ou de qui que ce soit...
Dépêcher ayant, ici, l'acception d' « envoyer quelqu'un en hâte » *(dépêcher un coursier, un messager...),* il est superflu d'ajouter « en hâte » – l'addition de ces termes constituant un joli pléonasme!

Voir **PLÉONASMES,** p. 177.

dépouille... mortelle

Selon certains, employer le mot *dépouille* seul en parlant du corps d'une personne décédée est incorrect. Pour ces puristes (?), cet emploi est alors ressenti comme injurieux pour le défunt ou la défunte, puisque l'on met sur le même plan un être humain et n'importe quel animal *(les dépouilles de plusieurs lapins séchaient au soleil)*, alors qu'il y a une différence d'acception : pour les animaux, *dépouille* désigne la peau enlevée à une bête morte.

Ainsi, au journal *le Monde*, et cela depuis plusieurs décennies, on ajoute systématiquement l'épithète *mortelle* quand il s'agit d'un être humain : *La dépouille mortelle de la grande artiste sera exposée dans l'église Notre-Dame jusqu'à samedi midi.*

Il faut pourtant dire qu'aucun grand dictionnaire de langue ne condamne l'usage du seul mot *dépouille* utilisé pour parler du corps d'un défunt : « Fig. *Dépouille mortelle*, ou simplem. *dépouille*, le corps d'une personne morte : *J'accompagnai mon père à son dernier asile; la terre se referma sur sa dépouille* (Chateaubriand). » *(Grand Larousse de la langue française).* – « *Dépouille, dépouille mortelle* : le corps humain après la mort (*Grand Robert*, 2e édit.). »

On ne saurait donc condamner l'emploi de *dépouille* non accompagné de l'adjectif, en laissant à ceux qui ne considèrent pas l'être humain comme appartenant au règne animal toute liberté de dire et d'écrire à chaque fois : *dépouille mortelle* !

des plus

« Cette starlette est des plus effrontée. » Logiquement, *des plus* – qui signifie : « parmi les plus, entre les plus » – entraîne pour l'adjectif qui suit l'accord au pluriel : *ce gamin est des plus sages, une décoration des plus tarabiscotées, un mets des plus fins...*

C'est l'avis, sans nuance, de l'excellent Jean Girodet dans son *Dictionnaire du bon français* (Bordas, 1981). Jean-Yves Dournon (*Dictionnaire d'orthographe et des difficultés du français*, Livre de poche, 1982) partage les mêmes certitudes... mais en ajoutant plus loin, sans prendre parti : « Notons l'emploi adv. (rare) au sens de " au plus haut point " : *un homme des plus immoral.* »

Et l'éminent grammairien belge Joseph Hanse, président du Conseil international de la langue française, laisse entrevoir qu'il y a un problème dans l'usage contemporain lorsqu'il écrit (*Nouveau Dictionnaire des difficultés du français moderne,* Duculot, 1983) : « *L'adjectif s'accorde toujours en genre et presque toujours en nombre avec le nom pluriel impliqué par* des : " Cette femme est des plus loyales ". »

Le regretté Maurice Grevisse, certes constamment qualifié de « *laxiste* », entérine la possibilité de l'accord au singulier de l'adjectif (*Le Français correct,* Duculot, 2e édition, 1979).

Henri Frei, dans son très intéressant ouvrage *la Grammaire des fautes* (Slatkine Reprints, 1982; réimpression de l'édition de 1929), classe le cas de *des plus* au sein du mécanisme de la brachysémie (ou figement, ou agglutination) : au point de vue sémantique, ce phénomène consiste en ce que deux ou plusieurs termes qui avaient chacun une signification distincte se soudent en une signification unique. Ainsi, dit H. Frei, « l'absence du pluriel signale la brachysémie : *Il est des plus* amical; *Un accueil des plus* glacial [...]. Ainsi *des plus* se fige en un signe compact à éléments de moins en moins compris et de moins en moins remplaçables, ayant la valeur unique et indécomposable d'un signe de superlatif absolu : " très, extrêmement ", et par extension ce nouveau signe sert à former des superlatifs d'adverbe ».

Le phénomène sémantique ayant ainsi été bien décrit par H. Frei, consultons encore quelques ouvrages de référence... A. V. Thomas (*Dictionnaire des difficultés de la langue française,* Larousse, 1956) ne se compromet pas trop! Après avoir déclaré que « l'adjectif qui suit *des plus (des moins, des mieux)* se met en général au pluriel, l'usage ayant écarté les subtilités opposées par les linguistes, qui n'admettaient que le singulier », Thomas indique que l' « on écrit : *C'est un homme des plus loyaux* (c'est-à-dire : *parmi les plus loyaux*) ». Notre grammairien note ensuite : « Certains ont estimé que *des plus* amenait un

superlatif, et que par conséquent il n'y avait pas de pluriel dans l'idée : *un homme des plus loyal* était un homme loyal au plus haut point, le plus loyal possible, extrêmement loyal, etc. “ Mais ce n'est pas la règle la plus suivie ni la plus logique ” (Lar. du XXe s.). »
Ouvrage d'une tout autre taille que les précédents, et relativement récent (1976), le Grand Larousse de la langue française en 7 volumes ne condamne pas l'accord au singulier : « L'adjectif qui suit *des plus* se met généralement au pluriel : *Une espèce des plus rares. Ce travail est des plus difficiles* (Acad.). Cependant, certains, se fondant sur l'équivalence entre *des plus* et *extrêmement, très,* etc., accordent l'adjectif avec le nom auquel il se rapporte : *C'est un homme des plus loyal* (Brunot). » Quant au plus récent des grands dictionnaires de langue, le Grand Robert en 9 volumes (1985), sa position est identique à celle du G.L.L.F.
Notre opinion, après avoir consulté ces « autorités », est que l'accord au pluriel de l'adjectif est conforme à la logique, et devrait être systématiquement appliqué. Mais il est vrai – il suffit d'écouter « l'homme et la femme de la rue » – que l'usage a beaucoup évolué et que l'assimilation de *des plus* à *très, extrêmement,* etc., s'est largement répandue... Il semble vain, dorénavant, de vouloir s'opposer à cette évolution; en conséquence, lorsque l'on ne craindra pas d'avoir affaire à un Aristarque sourcilleux gardien de l'orthodoxie grammaticale, il sera possible d'écrire : « Cette fête est des plus gaie! »
Si l'adjectif se rapporte à un pronom neutre ou à un verbe, ou si *des plus* se rattache à un adverbe, il demeure évidemment invariable : *cela est des plus intéressant! il est des plus naturel de se conduire en gentleman; elle travaillait des plus attentivement,* etc.
Au contraire, le pluriel de l'adjectif s'impose lorsque le nom est lui-même au pluriel : *ces formulations sont des plus licites; ces livres sont des plus malhonnêtes;* etc.
Dernier point concernant *des plus* : les linguistes sont très divisés quant à la nécessité, à l'obligation qu'il y aurait de répéter *des plus* lorsqu'il y a deux adjectifs. Les partisans de la répétition systématique (*ces musiciens sont des plus fins et des plus délicats*) sont inférieurs en nombre par rapport à ceux qui pensent qu'elle n'est pas obligatoire, voire qu'elle ne s'impose nullement. Ces derniers écrivent donc : *ces musiciens sont des plus fins et délicats...* Mais la répétition donne une phrase plus euphonique.

Enfin, il convient de rappeler que tout ce qui vient d'être dit au sujet de *des plus* s'applique à *des moins* et aussi à *des mieux*. En espérant que nos lecteurs trouveront que cet article est *des mieux troussé(s), des plus intéressant(s),* donc *des moins barbant(s)*!

« de suite (la concierge revient) »

En dépit de l'emploi relativement fréquent de « de suite » avec l'acception d'*immédiatement* (« Quelques mots gentils, faits pour être oubliés de suite », Françoise Mallet-Joris, *Allegra,* p. 30), cet emploi abusif doit toujours être condamné. Si l'on souhaite dire *sur-le-champ,* c'est *tout de suite* qu'il faut utiliser...

La locution *de suite* doit être réservée aujourd'hui au sens – peu usité, il est vrai, dans le français contemporain – de « sans interruption », « l'un après l'autre », même si, généralement, l'emploi illicite de « de suite » ne saurait entraîner d'équivoque... On dira donc correctement : *je suis allé voir Jean dix jours de suite* (= chaque jour pendant dix jours).
– Toutefois, cette distinction est assez récente; chez les classiques, on trouve *de suite* usité au sens de *tout de suite.*

dévêtir

Voir la locution incorrecte ***« vêtissais (je me) »,*** p. 243.

DOUBLE SENS (MOTS À)

Certains termes ont un double sens qu'il est bon de garder en mémoire et dont il faut parfois se méfier afin d'éviter l'*amphibologie* (voir ce mot, p. 22) qui nuirait à la bonne compréhension du texte. Voici quelques exemples.

Décliner

Dans son acception transitive, ce verbe peut prendre deux sens très différents. Surpris en infraction, un citoyen ou un étranger *décline* sa nationalité de la même façon qu'il *décline* son identité, c'est-à-dire qu'il les déclare : *je suis français, je suis zaïrois,* etc., *je m'appelle Untel,* etc. Mais si une personne rejette, refuse, la nationalité que la loi lui attribue d'office, on dit également qu'elle *décline* cette nationalité, comme on *décline* une offre, une faveur, etc., dont on ne veut point.

> Chaque année, près de mille quatre cents jeunes, sur trente-huit mille environ, déclinent la nationalité française à laquelle ils ont droit.
>
> *Le Monde,* 14 mars 1986.

Dans le premier cas, on atteste une nationalité acceptée; dans le second, on repousse une nationalité reçue malgré soi, ou simplement offerte.

Desservir

On dira volontiers : *ce train dessert notre localité*; c'est-à-dire qu'il s'y arrête, qu'il est utile aux communications, au trafic, à la vie de la communauté. Mais on dira aussi, le jour où la ligne est désaffectée : *la suppression de ce train dessert notre petite ville,* ce qui signifie qu'elle lui cause le plus grand tort. Voilà donc un verbe qui veut dire une chose et son contraire.

La cause en est l'homonymie entre un préfixe *dé-* issu du préfixe latin *de-* et dépourvu de sens bien précis, et un autre préfixe *dé-* issu du préfixe latin *dis-* et servant à indiquer l'action contraire. *Desservir,* au sens d'« être au service pour », dérive du latin *deservire,* dont le sens n'était pas bien différent de celui de *servire,* servir. Au sens de « causer du tort », *desservir* est un composé de *servir* et du second *dé-,* et signifie « faire le contraire de servir ». On pourrait considérer qu'il s'agit de deux verbes différents et homonymes (c'est du reste ce que font, entre autres dictionnaires, les Larousse et les Robert). Le même phénomène s'observe avec *dépendre* (latin *dependere,* être suspendu à) et *dépendre* (décrocher un objet pendu, de *dé-* + *pendre*), ainsi qu'avec *déposer* (lat. *deponere,* poser en bas) et *déposer* (*dé-* + *poser,* faire le contraire de poser, par exemple dans « déposer le moteur »).

Une autre ambivalence de sens parfois gênante est celle du verbe *distendre,* que les dictionnaires donnent comme signifiant, d'une part, « étirer (un corps) en augmentant la tension », et, d'autre part, « relâcher, diminuer la tension ». J'ai *distendu* un élastique en le raidissant à l'extrême et *distendu* une corde, un filin, en le... *détendant.*

Belle-mère, beau-père, etc.

Si je dis « ma belle-mère » à quelqu'un qui ne sait rien de ma vie, il se demandera s'il s'agit de la mère de ma femme ou si mon père est veuf et remarié, car le même mot désigne deux personnes ayant des situations familiales différentes par rapport à moi. Il n'est point question, ici, de « sens contraires », mais de sens distincts amenant confusion, ambiguïté, quiproquo. Les choses peuvent d'ailleurs être assez cocasses. Si ma femme a eu une fille d'un premier mariage, cette fille est ma *belle-fille* à l'un des sens du mot. Or rien ne s'oppose à ce que cette fille épouse mon père veuf de ma mère. Il s'ensuivra que ma *belle-fille* sera ma *belle-mère*!

Hôte
On est l'*hôte* de quelqu'un aussi bien si on le reçoit que si l'on est reçu par lui. Donc on est toujours l'*hôte* de son *hôte*! En revanche, le féminin *hôtesse* ne se dit que pour la femme qui reçoit; celle qui est reçue est l'*hôte* de l'*hôtesse*.

Louer
Le plus impertinent des mots à double sens. La langue française n'aurait pas été plus maladroite si elle avait admis un unique verbe signifiant tantôt « vendre », tantôt « acheter »! Encore ne tenons-nous pas compte de l'homonymie avec *louer*, « faire l'éloge de ». Ce dernier verbe vient du latin *laudare* (d'où, en français, *laudateur/trice*, *laudatif/ive*, etc.). Celui qui fait l'objet de cet article est issu du latin *locare*, qui signifiait « placer (à bail) ». Malheureusement, on eut l'idée de se servir du même verbe pour exprimer l'action inverse, celle de « prendre à bail ». De sorte que, si quelqu'un vous déclare : *Je loue ma maison de vacances à des amis*, vous serez obligé de lui demander des précisions. Pas de confusion, en revanche, avec les noms d'agents correspondants : le *loueur* ne peut désigner que le bailleur, et le preneur ne saurait être que le *locataire*. – À noter que l'ambiguïté signalée ici pour *louer* existe aussi pour *affermer*, verbe transitif, qui signifie à la fois « donner » et « prendre » (à ferme, à bail); et pour *fréter*, verbe affecté du même double sens (en disant : *affréter* pour « prendre » [en location], on supprime toute équivoque).

Plus
Cet adverbe, un des casse-tête redoutés des étrangers qui veulent bien apprendre le français, a deux sens tout à fait opposés. Il veut dire tantôt *pas davantage* (*J'ai assez d'argent comme ça, je n'en veux plus!*), tantôt *davantage* (*Je n'ai pas assez d'argent, j'aurais dû en emporter plus*). La présence de la négation (*n'*) dans le premier cas dissipe tout risque d'erreur; mais, oralement, le langage populaire supprime souvent le *ne* élidé ou non (« j'en veux plus, de tes cadeaux empoisonnés! »). Dans le second cas, c'est la faculté de faire sentir, à la diction, l'*s* final qui permet d'identifier la nature du *plus* – outre, bien entendu, les indications fournies par le contexte. En

fait, les occasions sont assez fréquentes où les deux sens contraires de ce même adverbe peuvent engendrer une confusion. Il est donc prudent, en écrivant, d'y veiller. L'ambivalence de *plus* peut provoquer en certains cas une équivoque à la conversation, notamment quand la négation se confond avec une liaison. Exemple : *serai-je mieux informé en achetant plus de journaux ?* (= en en achetant davantage ?) se prononce comme : *serai-je mieux informé en n'achetant plus de journaux ?* (= en cessant d'en acheter ?), alors que les deux phrases signifient le contraire l'une de l'autre. On sait qu'Edmond Rostand a mis à profit cette homophonie des deux sens de *plus* dans l'acte III, scène VII, de *Cyrano de Bergerac,* où son héros se substitue à Christian sous le balcon de Roxane :

ROXANE

Non ! Vous ne m'aimez plus !

CHRISTIAN,
à qui Cyrano souffle ses mots

M'accuser, – justes dieux ! –
De n'aimer plus... quand... j'aime plus !

ROXANE,
qui allait refermer sa fenêtre, s'arrêtant

Tiens ! mais c'est [mieux !

Sanctionner
Le conseil municipal d'Y. a pris une délibération que les autorités supérieures ont *sanctionnée,* c'est-à-dire qu'elles l'ont approuvée et rendue définitive et exécutoire par la *sanction* du pouvoir; ainsi la cour d'appel *sanctionne* un jugement de grande instance quand elle le confirme parce qu'elle l'a trouvé excellent. Mais le prévenu, lui, se voit *sanctionner* sévèrement par le tribunal en châtiment de l'infraction qu'il a commise. On voit par là que *sanctionner* possède deux sens contradictoires. Le second tend d'ailleurs à réduire l'usage du premier, car une langue a besoin d'être claire et conséquente pour conserver son intérêt comme instrument de communication.

Sans risquer de causer une amphibologie, certains mots peuvent pourtant, par leur double sens, engendrer une confusion. Exemple :

Créole
Un *créole* est un Blanc né dans les anciennes colonies où il y a des Noirs : Antilles, la Réunion, etc. Mais un sens tardif – déjà abordé par Littré – s'est ajouté au premier pour désigner, dans certains pays peuplés de Noirs, ceux d'entre eux qui viennent des anciennes colonies où furent déportés leurs ancêtres au temps de l'esclavage, afin de les distinguer de la population autochtone. Ce double sens, qui n'a pas cours partout, ne contribue guère à définir et à préciser la notion de *créole* (mot venu de l'espagnol *criollo*). – Exemple du second sens :

> L'une des originalités de la Sierra Leone provient des origines créoles d'une partie de la population. La présence de cette communauté créole, descendante directe des esclaves libérés, confère à Freetown une petite note de reggae fort sympathique.
>
> Katherine Cooley, revue *Distance,* n° 73.

Ici, l'explication fournie ne laisse place à aucune interprétation erronée.

« élections présidentielles (les) »

Élections municipales, élections cantonales, élections législatives... Le pluriel est normal s'agissant de consultations portant sur de nombreux sièges, mais il est plus que « singulier » – carrément fautif et condamnable –

lorsqu'il est question de l'élection à la magistrature suprême, fonction qui ne se partage pas!
Le bon sens et le langage correct exigent en conséquence l'emploi du singulier : *de nombreux candidats indépendants des partis traditionnels envisagent de se présenter à la prochaine élection présidentielle.*

« élirent (ils) »

On trouve assez fréquemment cette faute de conjugaison. Le verbe *élire* se conjugue comme *lire*; il fait donc au passé simple : *il* ou *elle élut, nous élûmes, vous élûtes, ils* ou *elles élurent.*

ÉLISION (L')

(Voir aussi l'article « **de Auch** », p. 84).

Le, la (l'); de (d')

1. Ces mots s'élident devant toutes les voyelles, y compris l'*y* suivi d'une consonne, et devant l'*h* muet : *l'âne, agir d'instinct, l'ornement, l'urne, l'ypérite, l'hydrogène, un nid d'hirondelle.* Quand l'*i*, venant en initiale, forme diphtongue avec valeur de semi-consonne, cela ne fait pas obstacle à l'élision : *l'Ienissei, une pièce d'Ionesco, l'œuvre gravé d'Iefimov.* Les groupes *oi, oy,* prononcés *oua,* et *oin,* prononcé *ouin,* entraînent l'élision : *l'oie, les Contes de ma mère l'Oye, il faut l'oindre.* Qu'un tréma modifie la ou les syllabes initiales ne change rien à l'élision : *l'Haïtien, l'oïdium.*

2. Quand l'*y* vient en initiale avec valeur de semi-consonne, l'élision, dans la presque totalité des cas, ne se fait pas : *le yiddish, un jeu de Yo-yo, la Yougoslavie, le Yémen.* Il y a toutefois trois cas d'exception dans les noms communs : on élide pour *l'yèble, l'yeuse, des clins d'yeux.* Même exception pour un certain nombre de noms propres qui impliquent l'élision : *la rivière l'Yerres, la mairie d'Yenne, le département de l'Yonne, un jambon d'York,* etc.

3. Quand une diphtongue suit un *h* muet, l'élision se pratique normalement : *l'hiatus, l'hiéroglyphe, l'hyène* (dire : « le hiatus », « le hiéroglyphe », « la hyène », est une déformation).

4. Évidemment, on n'élide pas devant les consonnes, ni devant un *h* dit aspiré, qu'il soit suivi d'une voyelle seule *(la hideur),* d'une diphtongue *(la hiérarchie)* ou de n'importe quel groupe (*la haine, la honte, le houx,* etc.). [Ne pas dire : « l'haricot » ni des « z'haricots ».] Exceptions : *a)* il est toléré d'écrire *l's, l'r* bien que *le s, le r,* soient corrects; cela vaut aussi pour les consonnes *f, l, m, n* et *x,* citées isolément; *b)* on dit, en langage populaire : *Courir sur l'haricot.*

5. Devant le groupe *ou* suivi de la voyelle *a,* l'élision est facultative : *l'ouate* ou *la ouate, le site d'Ouagadougou* ou *de Ouagadougou.* – Si le groupe *ou* est suivi de la voyelle *e,* l'élision est obligatoire : *le vent d'ouest, le lit de l'oued, l'île d'Ouessant.* – Si le groupe *ou* est suivi de la voyelle *i,* l'usage relatif à l'élision varie d'un mot à l'autre; ainsi l'on dit, en faisant l'élision : *il a l'ouïe fine, j'ai l'occasion d'ouïr bien des fadaises,* mais, en ne la faisant pas : *le oui l'a emporté au référendum, le ouï-dire, le ouistiti de Mme Glandouille.*

6. Le mot *huis* et ses dérivés *huisserie, huissier,* exigent l'élision, sauf dans l'exception *le huis clos* (qui, notons-le, s'écrit sans trait d'union). – *Handicap,* mot venu de l'anglais, exclut l'élision; il en va de même de ses dérivés; on ne doit donc pas faire la liaison avec l'*n* de l'article indéfini quand on dit : *un handicapé*; mais le parler populaire a tendance à faire cette liaison; on ne doit pas dire non plus : « des z'handicapés », mais s'abstenir de faire sentir l'*s* final de *des.* – Le substantif masculin *héros* ne supporte pas l'élision : *le héros,* mais son féminin l'exige : *l'héroïne,* de même que tous les autres mots de la famille : *l'héroïsme du chevalier d'Assas, l'héroïque défense de Leningrad.* Élision également pour *l'héroïne,* substance chimique. – Pour les noms propres français commençant par un *H,* l'usage est divers et flottant : on dit *le panache blanc d'Henri IV,* mais on trouve parfait que Voltaire ait intitulé son épopée *la Henriade*; on devrait toujours dire : *les œuvres de Hugo,* mais « les œuvres d'Hugo » ne choque pas. (Voir aussi l'article « *qu'hasardeux (plus)* », p. 211.)

7. Le langage parlé pratique l'élision devant les noms propres anglo-saxons ou germaniques commençant par un *H :* « les agressions d'Hitler », « les studios d'Hollywood », mais un style soigné exclura cette élision : *les agressions de Hitler, les studios de Hollywood.* De même : *les femmes de Henry VIII, roi d'Angleterre,* du moment que le nom du souverain n'est pas graphiquement francisé.

8. *Un* et *une* impliquent toujours l'élision quand ils sont articles indéfinis : *la vie d'un homme.* Il est également correct de la leur accorder quand ils sont adjectifs numéraux : *un poids d'une livre, une pièce d'un franc*; mais il est incorrect d'élider si *un* ou *une* est exprimé en chiffre : « une pièce d'1 franc » (on le voit parfois imprimé ainsi jusque sur des documents administratifs, ce n'en est pas moins une faute; il faut : une pièce de 1 franc). Si *un,* numéral, est substantivé, il ne faut pas élider : *la porte du un, les grands titres de la une* (et non « de l'un », « de l'une »). – On n'élide pas devant *huit, huitième : la demie de huit heures, une invasion du huitième siècle,* l'initiale étant dite aspirée (on ne la considère comme muette qu'à l'intérieur d'un mot composé, par exemple dans *quarante-huit,* où l'on prononce *tuite*); élision interdite également devant le chiffre : *le* *train de 8 heures* (et non « d'8 heures »). – le mot *onze* et son dérivé *onzième* refusent l'élision : *la fête du onze novembre,* sauf en poésie (Corneille, Anna de Noailles, etc.) et dans l'expression populaire *faire boire le bouillon d'onze heures*; toutefois, dire ou écrire « le train d'onze heures » n'est qu'une entorse vénielle à la règle. Si *onze* est substantivé, pas d'élision : *le gardien de but du onze de France.*

9. Échappent à l'élision les mots anglo-saxons commençant par un *o* à consonance de semi-voyelle : *le one man's show de Jacques Villeret.* Certains, mais c'est une licence, n'élident pas devant la lettre *O* quand elle est l'initiale d'un nom propre étranger : « une pièce de O'Neill, un livre de Optato Gueiros »; il n'en est pas moins licite d'écrire : *une pièce d'O'Neill, un livre d'Optato Gueiros.* Enfin, pour des raisons d'euphonie, l'usage a consacré quelques dérogations : *un numéro de « Elle »* (sous-entendu : de la revue *Elle*); en pareil cas, des guillemets aident à faire passer l'hiatus : *un numéro de « Elle ».* Car l'intercalation de guillemets autorise à suspendre l'élision.

10. L'élision est facultative et circonstancielle devant une voyelle isolée : *l'*A *capitale,* ou : *le* A *capitale,* mais plutôt conseillée devant certaines voyelles, et le plus souvent tout à fait obligatoire : *le château d'O* (et non « de O »). On écrit *l'a b c de la philosophie, un salaire d'O.S.* (d'ouvrier spécialisé).

lorsque, quelque, quoique, presque, puisque...
« Lorsqu'irrité le roi arriva... », « puisqu'enfin te voilà ! », « presqu'immédiatement Tartagnan découvrit le micro caché », « quelqu'opposés fussent-ils à sa nomination... », « quoiqu'indirectes, ces accusations visaient le chef de l'État », etc. Toutes les élisions présentées ici sont condamnées par la quasi-totalité des grammairiens (à l'exception – ce n'est pas pour surprendre ! – du *Bon Usage,* même en sa dernière édition revue par André Goosse). Nous donnons ci-dessous, pour chacun des mots étudiés, l'usage actuel :

Lorsque s'élide toujours devant *il(s), elle(s), on, un(e);* souvent devant *en;* parfois devant *ainsi.*

Quelque s'élide uniquement dans *quelqu'un* et *quelqu'une* (... et c'est même l'opinion du *Bon Usage* !).

Quoique (en un seul mot) s'élide toujours devant *il(s), elle(s), on, un(e)*; l'usage est flottant avec *en* et avec *ainsi.*

Presque ne s'élide que dans *presqu'île.*

Puisque s'élide toujours devant *il(s), elle(s), on, un(e)*; généralement devant *en*; l'usage est flottant devant *ainsi.*

Il faut noter que, s'appuyant sur la Grammaire de l'Académie, Grevisse (Goosse) déclare que l'élision de *lorsque, puisque* et *quoique* peut être marquée en toute circonstance devant une voyelle, et s'élève contre les restrictions que nous venons d'exposer, restrictions qui sont prônées par la quasi-totalité des grammairiens et lexicographes contemporains. Certes, Grevisse a relevé de nombreux exemples d'élisions peu orthodoxes chez de bons écrivains. Mais en grande partie cela a pu découler d'inadvertances des auteurs... ou des typographes, pensons-nous, puisque l'on constate des variantes d'une édition à l'autre.

jusque, après que, bien que, quoi que
L'*e* final s'élide toujours devant une voyelle : *jusqu'ici, après qu'elle, bien qu'abîmés, quoi qu'ils...*

si
La conjonction *si* s'élide toujours devant *il(s) : s'ils souhaitent venir...* Mais on n'écrit jamais « s'oui » pour *si oui*, [*il faudrait...*]

« en (partir) ». Voir « partir en » p. 169.

« en bicyclette », etc.

Il faut dire : *aller à bicyclette, à vélo, à motocyclette, à moto* (et non « en »), exactement comme on dit : *aller à cheval* (personne n'a jamais dit : « aller en cheval »!). La même chose pour : *aller à vélomoteur, à Mobylette.* Il en va ainsi pour tous les véhicules, motorisés ou non, qui s'enfourchent comme une monture, et qui n'ont pas de partie intérieure où l'on entre. Au contraire, on dira : *aller en automobile, en voiture, en charrette, en train, en avion.* (L'expression « en chemin de fer », quoique justifiable, est moins heureuse que *en train,* ou : *par chemin de fer,* le chemin de fer n'étant pas le véhicule de transport mais son support.)

énerver

C'est fini, l'usage a vaincu. Étymologiquement, *énerver*, c'est priver de nerf, d'énergie (Robert); du latin *enervare*, priver de nerf, d'où « affaiblir, épuiser ». Au XVIIe siècle encore on brûlait les tendons (les nerfs) des jarrets et des genoux des suppliciés, et cela s'appelait l'*énervation*. Au sens figuré, conforme à l'étymologie latine, *être énervé* a longtemps signifié « être affaibli, sans ressort ». « Le parler populaire a changé tout cela, et aujourd'hui *énerver* veut dire « irriter, agacer » : *tu m'énerves!* C'est une locution vicieuse, mais son triomphe est irréversible, quoique menacé par la concurrence d'expressions plus triviales.

« en face l'église »

« J'ai trouvé un bon pain au son dans la nouvelle boulangerie qui est en face l'église », disait une brave ménagère à sa commère. Si le tour est admissible dans le langage parlé, il est du niveau populaire, relâché, dans la langue écrite, où l'on doit veiller à bien distinguer la locution prépositive *en face de*, suivie d'un nom de lieu, de chose ou de personne *(se trouver en face de la mairie, se retrouver en face des gendarmes; être en face de difficultés imprévues; habiter en face d'Angers, de l'autre côté de la Maine...)* de la locution adverbiale *en face*. Celle-ci ne pouvant être employée que seule, sans complément : *regarder son adversaire en face; avoir le soleil en face; la villa d'en face...*

Voir ***vis-à-vis de nos institutions (?)***, p. 247.

« en France, qu'il avait quittée »

Sans être rigoureusement incorrecte, et tout en étant claire et compréhensible, une phrase sous cette tournure est disgracieuse et à déconseiller. Plus élégante est celle-ci : *il revenait souvent en France, pays qu'il avait quitté autrefois;* ou : *... en France, son pays qu'il avait*, etc. En règle générale, il est bon d'éviter de greffer une proposition commençant par le pronom relatif *que (qu')* sur un nom propre géographique immédiatement précédé de *en*.

ensuivre (s', s'en)

Ce sont les deux bonnes formes. Pour explication, voir « **suivre (s'en)** », qui est la mauvaise forme, p. 231.

« entre le couple... »

« Entre le couple, les relations se dégradent. » On a pu lire cela dans le résumé d'un film, ès programmes de télévision. Ce n'est pas correct, car *entre* exige deux éléments séparés au moins : *les rapports entre la France et l'Allemagne; nous sommes entre nous; il y a 120 km entre Paris et Orléans.* On ne peut pas dire : « entre le couple », il faut dire : *entre les époux,* ou : *au sein du couple.*
Seule exception admise : *entre soi,* parce que le pronom personnel *soi* est considéré comme pluriel aussi bien que singulier. *Les nobles se mariaient entre soi* (= entre *eux*).
Bien que critiquée, l'expression *entre chaque* est employée par les plus grands écrivains :

> Entre chaque créneau se dressait, formidable,
> Une corne d'aurochs ou de rhinocéros.
>
> Hugo, *Légende des siècles.*

« envie (à l') »

De joyeux convives heureux de se retrouver autour d'un pichet de beaujolais nouveau peuvent, si ça leur chante... et si cela ne nuit pas au voisinage, *boire à l'envi,* c'est-à-dire « *jusqu'à plus soif* », à qui mieux mieux.
On se gardera de mettre un *e* final superfétatoire au mot *envi,* qui de nos jours n'apparaît plus dans la langue que sous cette forme adverbiale. *Envi* découle du vieux verbe *envier,* inviter, provoquer (du latin *invitare,* inviter) et eut le sens de « défi », de « provocation », de « rivalité »... On invitait l'autre, ou les autres, à une compétition, à une confrontation, à la surenchère..., le vainqueur étant celui qui tiendrait le mieux la bouteille, qui se montrerait le plus « fort en gueule », qui se révélerait le plus prodigue, etc. :

> Des renommés vieux poètes [...]
> Chantant à l'envi maints beaux vers.
>
> Clément Marot, *Complainte de G. Preud'homme.*

Envie, avec un *e* final, vient d'un mot latin, d'une tout autre famille : *invidia,* jalousie.
Rappelons que parmi les nombreux sens de ce mot on utilise en principe toujours le pluriel lorsque ce terme désigne les petites peaux qui se forment sur le pourtour des ongles.

« ès-lettre, -science, -qualité »

Prenez bien soin de noter que tout est faux dans cette formulation ! La particule prépositive *ès* est une contraction de la préposition *en* et de l'article défini pluriel *les* (= en les); elle implique donc obligatoirement la présence d'un substantif pluriel : *docteur ès lettres, licencié ès sciences, se présenter ès qualités.* Cette dernière locution (il ne faut jamais écrire « ès qualité »! signifie : en tant que titulaire de la fonction mentionnée plus haut; exemple : *l'avocat X. agissait à titre privé et non ès qualités* (= pas en qualité d'avocat). Noter en outre que les locutions comportant *ès* s'écrivent sans trait d'union.

« espère qu'il vienne (j') »

Formulation à rejeter, car *espérer que,* usité affirmativement, exclut le subjonctif, à l'opposé de *souhaiter que,* qui l'exige. *J'espère qu'il vient, qu'il viendra; j'espère qu'il viendrait si nous l'invitions,* mais non « qu'il vienne ». Au contraire, si *espérer que* a la forme négative, le subjonctif est obligatoire : *je n'espère pas qu'il vienne* (l'usage du futur est peu souhaitable et fort sujet à caution). Enfin, à la forme interrogative, futur, conditionnel et subjonctif sont autorisés : *espérez-vous qu'il viendra ?, espériez-vous qu'il viendrait ? espérez-vous qu'il vienne ?, espériez-vous qu'il vînt ?*

« espèce d'escroc (c'est un) »

Le mot *espèce* est du genre féminin, et conserve son sexe même devant un nom masculin! En dépit de ce rappel sans cesse formulé par tous les grammairiens, la faute est couramment commise par la plupart des politiciens et des journalistes de l'audiovisuel.
Il faut bien dire et écrire : *C'est une espèce de fantôme, un individu blême et longiligne; une espèce d'aventurier; Robert est une espèce de nouveau philosophe...* (*espèce de* pourrait être remplacé par : *une sorte de, quelque chose comme un*).
Il est certain que le syntagme *espèce de* est ressenti parfois nettement comme un adjectif qui devrait s'accorder avec le pseudo-complément qui le suit; cela d'autant plus qu'*espèce,* pris seul, sert de renforcement dans des expressions comme : *Espèce d'idiot!* (où il n'est plus du tout un synonyme de *sorte*). Et André Goosse, auquel certains ne manqueront pas de reprocher de suivre la démarche « laxiste » du regretté Maurice Grevisse, se borne à constater, dans la récente douzième édition du *Bon Usage,* ouvrage qu'il a entièrement révisé : « Le caractère adjectival du syntagme *espèce de* est tel qu'*espèce* lui-même prend fréquemment le genre du nom complément : ° *Un espèce de prophète.* Ce tour, courant dans la langue parlée, pénètre dans l'écrit, et depuis longtemps. » Toutefois, A. Goosse fait précéder du symbole ° la forme « un espèce », indiquant par là que ce tour n'appartient pas au français régulier.

« est-ce que [...] est-il [...]? »

De nombreuses personnes croient nécessaire de doubler la formule interrogative – cela dans le langage parlé,

principalement : « Est-ce que le car de 8 h 47 est-il bien passé ? », « Est-ce que les nénuphars ont-ils des fleurs jaunes ? ».
Cela est évidemment superflu et fautif. Il suffit de dire et d'écrire : « *Le car de 8 h 47 est-il bien passé ?* », ou « *Est-ce que le car de 8 h 47 est bien passé ?* ».

« étapes successives (des) »

On n'a jamais vu Jacques Goddet et Félix Lévitan faire disputer à la fois plusieurs étapes du Tour de France en divisant le peloton en plusieurs fractions... On ne voit pas non plus, à moins de modifier l'acception du mot *étape,* comment les différentes *étapes* d'un processus politique, par exemple, pourraient être simultanées !
Cette expression est donc une bouffissure impropre du langage, qui relève de ce qu'on appelle les « naïvetés ». On se contentera d'écrire : *par étapes, des étapes...*

La formule *étapes successives* échappe toutefois à la critique d'ingénuité et de naïveté lorsque l'on veut préciser par là qu'il s'agit bien, dans un ensemble, d'étapes qui se succédaient directement : *Le grimpeur péruvien s'envola dans les deux étapes successives qui « offraient » aux coureurs l'escalade des plus hauts sommets suisses.* Dans cette acception précise, on pourra avantageusement remplacer *successives* par *consécutives.*

évident

Cet adjectif, dont il n'est pas question de contester l'utilité, signifie *dont la véracité saute aux yeux, qui s'admet raisonnablement dans discussion.* Depuis quelque temps, une sorte de tic s'est emparé d'une foule de gens qui emploient *évident* à tout bout de champ, surtout en formulation négative dans le sens de « pas facile » ; on entend par exemple : « Trouver du travail, ce n'est pas évident », « J'ai essayé de lui téléphoner, mais ce n'était pas évident ». Cet emploi abusif est à déconseiller.

« évitez-lui, évitez-nous ce souci », etc.

Il est préférable de dire et d'écrire : *épargnez-lui, épargnez-nous* (ce souci). En style châtié, *éviter* ne doit pas avoir de complément indirect; seuls sont recommandables l'emploi absolu et le régime direct : *de telles mesures sont à éviter, évitez les raseurs, évitez les obstacles.* À la conversation, l'usage d'*éviter* pour *épargner* est courant.

« exception de personne (sans) »

Une paronymie et une certaine proximité sémantique sont la cause d'une confusion entre la bonne et la mauvaise forme. Pour dire en d'autres termes : *en ne faisant entrer qui que ce soit en ligne de compte,* il vous est loisible de dire et d'écrire : *sans acception de personne,* mais non : « sans exception de personne ». L'*acception* est ici l'*action de considérer la qualité d'une personne, d'en tenir compte au profit d'une autre personne* (définition donnée par Paul Robert, *Dictionnaire de la langue française,* t. I; 1953). On dit aussi : *sans acception de parti, sans acception de fortune.* En pareil cas, ne pas utiliser le mot « exception ». La nuance est toutefois peu perçue et la formule rarement usitée. Pour un autre sens du mot *acception,* à ne pas confondre avec *acceptation,* voir l'article relatif à l'expression incorrecte ***« acceptation d'un mot »,*** p. 9.

excessivement

« Ce livre est excessivement intéressant. » Ce n'est certes pas dans la bouche de Bernard Pivot – qui, lui, surveille son langage – que l'on relève cette impropriété, mais, trop fréquemment, dans les propos de présentateurs-animateurs fort connus de la radio et de la télévision... Ces excellents professionnels de l'audiovisuel ne devraient pas, pourtant, confondre *extrêmement* avec son « faux frère » ou « faux ami » *excessivement*!

Comment un ouvrage littéraire pourrait-il être captivant à l'excès, exagérément intéressant, trop digne d'attention! Et il en est de même pour une œuvre d'art, un panorama, ou la beauté d'une femme... Quoique...

... Quoique ses rivales, jalouses, puissent penser d'une femme sculpturale qu'elle est « excessivement belle »... Quoique Alceste et ses confrères misanthropes et misogynes puissent être convaincus que l' « excessive beauté » d'une Célimène soit la cause de bien des malheurs... De même Edmond et Jules de Goncourt ont-ils bien le droit d'écrire :

> Oui, il était excessivement paternel et bon pour les gens de sa famille.
>
> *Journal,* 15 octobre 1866.

Mais, hors ces cas particuliers où l'on entend déplorer un dépassement de la perfection, de la mesure, source de catastrophes ou de malheurs à venir, l'emploi de l'ad-

verbe *excessivement* doit être réservé à ce qui est sans conteste démesuré, exorbitant, effrayant, monstrueux... : *ces végétations sont excessivement développées; cet enfant nerveux est excessivement gai et turbulent; les produits de première nécessité sont excessivement chers cet hiver...*
Il est impossible de ratifier sur cette question le laxisme du grammairien F. Brunot (*la Pensée et la Langue,* p. 690; cité in Grand Robert, 2e édition) : « Aujourd'hui, on réprouve de même *excessivement.* Au début, cet adverbe a en effet signifié *avec excès : On peut et trop aimer la vertu, et se porter excessivement en une action juste* (Montaigne, I, 223). Cette nuance se perdit petit à petit : *Et puisqu'il en est question, je vous dirai tout net que cette liberté me déplaît excessivement* (Beaumarchais, *Barbier de Séville,* II, 15). *Excessivement* est à chaque page dans Balzac avec le sens de *très* [...]. De même chez Flaubert, de même partout [...]. »
Des abus répétés ne forment pas le bon usage...

EXTENSIONS ADMISES

Certains mots ont pris un sens extensif qui contredit ou du moins déborde leur étymologie. En voici quelques exemples :

Décimer
Le sens véritable est : *faire périr la dixième partie* (d'une armée, d'une troupe, d'une population). En latin, *decimus* signifiait « dixième ». La décimation, coutume longtemps pratiquée, consistait à tuer un homme sur dix parmi les prisonniers de guerre, les soldats révoltés, les fuyards, les vaincus, etc. Le verbe *décimer* est aujourd'hui employé quand une armée ou une population a été très éprouvée, sans que la proportion du dixième entre en ligne de compte : *la peste a décimé les nations européennes au Moyen Âge.* Le pourcentage n'a plus d'importance, mais le mot ne doit pas être utilisé en cas d'extermination, c'est-à-dire quand le groupe considéré a été totalement anéanti.

Dîme
Ce substantif féminin vient du latin *decima,* dixième (partie). Il désignait un impôt, un prélèvement, égal au dixième du bien qu'il frappait : bénéfice, revenu, récolte, troupeau, etc. Aujourd'hui, *dîme* n'est plus employé

qu'au figuré ; on dit, par exemple, que *le fisc a prélevé sa dîme sur la recette d'un spectacle,* mais la notion de dixième partie, de fraction d'un dixième, est absente de l'expression; que le fisc ait prélevé 1 % ou 50 % importe peu. Le sens propre n'apparaît désormais, avec concept du dixième, que dans les références au temps où la dîme existait. – CITATIONS :

> Dans les tribus juives et les pays chrétiens, où le pouvoir civil ne se confond pas avec le sacerdoce, l'impôt religieux est perçu par le prêtre, à titre privé. Nous le retrouverons, sous le nom de dîme, un peu plus tard, quand nous passerons de l'âge primitif à l'âge secondaire de la fiscalité.
>
> René Sédillot, *le Fisc,* III; édit. Amiot-Dumont, Paris, 1955.

> La dîme est affectée aux pauvres, aux nécessiteux, à ceux qui la recouvrent, à la propagande pour l'islam, au rachat des esclaves, aux faillis, aux soldats et aux voyageurs.
>
> Coran, IX, 60.

Orienter

Étymologiquement, c'est *diriger vers l'orient,* vers l'est; de même, *s'orienter,* c'est *se tourner vers l'est.* Mais il y a belle lurette que ce verbe s'emploie pour tous les points cardinaux. On dit normalement, bien que ce soit contradictoire : *s'orienter vers l'ouest; ce mur est orienté au nord.*

Saupoudrer

Là encore on a trahi l'étymologie! Le sens d'origine est : *poudrer de sel* (*sau = sel,* comme dans *sauce, saucisse, saugrenu, saumâtre, saumure, saunier*). Ce sens s'est étendu, et, très légitimement, on *saupoudre,* aujourd'hui, de sucre, de poivre et de toute autre matière pulvérulente.

En général, les extensions comme les dérogations de sens commencent par des libertés prises avec la langue, plus ou moins critiquées et désapprouvées à l'origine. Mais, en ce domaine, il suffit qu'une faute soit commise fréquemment et par beaucoup de gens pour que non seulement elle soit absoute et amnistiée mais encore fasse loi et devienne la règle de tous. Ce qui fait que, souvent, une génération de grammairiens passe son temps à désavouer l'enseignement de la génération précédente. Ainsi va le monde.

« façons (de toutes) »

Ce n'est pas vraiment une faute, mais l'usage est d'écrire au singulier : *de toute façon.* Cette locution signifie : « quoi qu'il en soit », « quelle que soit la façon dont on considère la chose », etc. Donc, locution indépendante, sémantiquement, de celle, au pluriel, où l'on intercale l'article défini : *il m'a humilié de toutes les façons,* c'est-à-dire en se servant de tous les moyens à sa portée, sans en négliger aucun. Le singulier de la locution *de toute façon* (= n'importe comment, quel que soit le cas, etc.) fait bien ressortir la différence de sens.

faire long feu

Le 14 janvier 1983, un article de *la Voix du Nord* avait pour titre (humoristique) : « Chronique judiciaire : le pyromane a fait long feu »... Comment comprendre ce titre, quel sens fallait-il lui donner, si on décidait de ne pas lire le « papier » ?

En effet, l'expression *faire long feu* n'est plus toujours comprise au sens propre, et l'on pouvait se demander si le journaliste entendait parler d'un échec du pyromane, dont la tentative criminelle aurait échoué, ou bien si l'auteur de l'article déplorait les importants dégâts dus à un incendie qui ne fut maîtrisé qu'au bout de nombreuses heures...

Au sens propre, l'expression s'applique à la charge de poudre d'une cartouche, d'un obus, etc., dont la combustion excessivement lente retarde le tir, qui de ce fait rate la cible. Le coup part, mais le projectile sort mollement. (On fait *faux feu* si le coup ne part pas du tout parce que la poudre ne s'est consumée que peu à peu, de proche en proche.) D'où, au figuré, le sens de « qui traîne en longueur » et, très couramment, l'idée d'échec. On parlera, par exemple, de « plaisanterie qui fait long feu »... Le contraire – *ne pas faire long feu* – devrait donc toujours exprimer la réussite : la poudre se consume dans les délais prévus, et en conséquence le coup fait mouche. Pourtant, l'usage a retenu à tort l'expression au sens figuré de « brève durée » (« Je n'ai pas fait long feu à cette assemblée soporifique ! »), et, le plus souvent, d' « échec » (« Leur mariage n'a pas fait long feu ! »). Dans cette seconde acception, bien contradictoire avec le sens pro-

pre, l'expression évoque plutôt une mèche qui s'éteint très – trop – rapidement.
Il convient d'être fort prudent dans l'utilisation des deux tournures si l'on veut être parfaitement compris. Ainsi, on s'abstiendra de dire que « l'alliance des deux formations politiques n'a pas fait long feu » si l'on souhaite annoncer que l'entente entre ces deux partis a porté ses fruits et permis de renverser le gouvernement. Le sens propre de « faire long feu » peut vous inciter à vous exprimer ainsi... mais vous ne devrez pas vous étonner si tous vos lecteurs ou vos auditeurs donnent à vos propos une signification absolument contraire !

« faite faire (l'armoire que j'ai) »

Le verbe *faire* est invariable au participe passé quand il joue le rôle d'un auxiliaire placé devant un infinitif. C'est pourquoi il faut dire et écrire : *l'armoire que j'ai fait faire, la montre que j'ai fait réparer.* En certaines provinces, l'accord est passé dans la langue : « la montre que j'ai faite réparer »; c'est une transgression à combattre, car la règle est absolue : *fait* demeure toujours invariable en pareil cas « parce qu'il fait corps avec l'infinitif et constitue avec lui une périphrase factitive » (Grevisse, *le Bon Usage,* 5e édit.; Duculot édit.).

« fait preuve de... (ce film) »

Seul un être animé – même s'il est un peu passif! – peut *faire preuve de...* (dignité, courage, patience, etc.). On ne dira donc pas, par exemple : « Ce film fait preuve de beaucoup de sensibilité », mais : *Ce film reflète la grande sensibilité du réalisateur,* ou : *Ce film est imprégné d'une grande sensibilité.*
La remarque est valable également pour un livre, une œuvre musicale ou picturale, un monument...

faste, fastes

En excellent français, le substantif masculin singulier *faste* (luxe, somptuosité), qui vient du latin *fastus,* orgueil, n'a pas de pluriel : *le faste de Versailles, le faste du mariage du fils Godelure*; et non « les fastes ». Tout au contraire, et toujours en excellent français, le substantif masculin pluriel *fastes* (tables chronologiques, annales), issu du latin *fas,* justice divine, *fasti,* calendrier de Rome, histoire, n'a pas de singulier : *les fastes de la Renaissance;*

les fastes d'un grand Empire (Chateaubriand); *les fastes sacrés de l'Église,* le martyrologe (Littré). Si cette règle avait été respectée dans l'écrit, peut-être la confusion entres les deux mots eût-elle été impossible. Mais, quand deux vocables se ressemblent ainsi, il est quasi fatal que l'un déteigne sur l'autre. Si bien que, pour parler de la magnificence d'une fête, il est devenu courant de décrire ses « fastes », et que les *fastes* de la cour de France font penser non à l'œuvre des auteurs qui les ont retracés mais à la pompe qui entourait le trône. Or les *fastes* sont surchargés de faits et d'événements qui n'ont absolument rien de fastueux!

« fausse perruque (porter une) »

Une perruque, c'est une chevelure postiche, une fausse chevelure. Que serait donc une « fausse perruque », sinon... de vrais cheveux. Aussi convient-il de dire tout simplement : *porter une perruque.*

faute d'inattention (une)

Quelle mouche malencontreuse a bien pu piquer l'excellent Alain Decaux pour l'inciter à tancer... vertement (c'est bien naturel de la part d'un académicien!), dans la page « Débats » du *Monde* daté 9 avril 1986, M. Pierre

Bourgeade, en reprochant à ce dernier d'avoir utilisé l'expression « faute d'inattention » ?
Le passionné historien ne déclare-t-il pas :
« [...] *M. Pierre Bourgeade a fait allusion à une " faute d'inattention " de M. Mitterrand. Il n'est point de faute d'inattention, mais il existe en revanche des fautes d'attention.*
» *Comment croire qu'un homme aussi averti que M. Pierre Bourgeade se soit abandonné involontairement à une telle erreur ?* [...]. »
On peut penser qu'Alain Decaux n'a pas, ici, consulté les ouvrages de référence des grammairiens et lexicographes contemporains les plus écoutés... Ceux-ci, tel M. Joseph Hanse, président du Conseil international de la Langue française et académicien belge, dans son *Nouveau Dictionnaire des difficultés du français moderne,* recommandent d'écrire « *une faute d'inattention* » (c'est-à-dire : une faute due à l'inattention, une faute de distraction) et condamnent la forme « une faute d'attention ».
On conservera la tournure « *faute d'attention* » (sans article ni déterminatif) dans des phrases du genre de : « *faute d'attention, vous laissez échapper trop d'erreurs !* » (= « *par manque d'attention, vous...* »).
J. Hanse constate que la tournure « une faute d'attention » choque parce que, pense-t-il, on hésite « à donner pour complément à *une faute* un nom indiquant la matière, le domaine où se produit le manquement, et non sa cause ». Si J. Hanse est le seul auteur, ou presque, à se demander si le rejet d'« une faute d'attention » est pleinement justifié, sa conclusion est claire : « Quoi qu'il en soit, puisque la langue connaît l'expression *une faute d'inattention* (ou *une faute de distraction*), il faut se garder d'employer dans le même sens *une faute d'attention.* »

Au sens propre, on est effectivement fondé à dire qu'il s'agit de *fautes d'attention* lorsque l'on se trouve devant des erreurs dues à un... excès d'attention !

Alain Decaux étant un homme ennemi de l'injustice, nous sommes certains qu'il révisera son point de vue péremptoire sur ce point de grammaire, et qu'il portera plus d'... attention à l'avis des linguistes et grammairiens.
Du reste, dans *le Monde* du 17 avril 1986, M. Pierre Bourgeade avait répondu lui-même à M. Decaux ; voici quelques lignes de sa réponse :

« M. Alain Decaux confond (erreur surprenante chez un historien) la conséquence et la cause. Emporté par sa vivacité légendaire, il commet, faute d'attention, une faute d'inattention.
» Car la faute d'inattention existe bien! L'usage [...] est formel sur ce point, et les dictionnaires ne le sont pas moins. Le Petit Larousse dit en propres termes : “ *Faute d'inattention : faute due au manque d'attention.* ” Le *Littré* s'exprime en termes semblables, et il est certain que le Dictionnaire de l'Académie [...] le fait aussi. »
M. Bourgeade ajoute en note : « ... On voit bien ce qui a provoqué l'émoi de M. Alain Decaux. Il a cru déceler dans l'expression “ faute d'inattention ” un pléonasme. Or le mot *faute* a deux sens. Dans un premier sens, il signifie “ manque ”, “ défaut de ”, d'où l'expression *faute d'attention.* Dans un second sens, il signifie “ acte fautif ”, où la notion de manque a disparu, et il n'y a donc pas de pléonasme dans l'expression *faute d'inattention.* »

« faut mieux y aller! (il) »

On ne le lit guère, heureusement, mais on l'entend beaucoup. Trop de gens confondent le verbe *falloir* et le verbe *valoir.* Naturellement, on doit dire : *il vaut mieux y*

aller, il vaut mieux (et non : « il faut mieux ») *qu'il attende l'an prochain.* Le verbe *falloir* n'a rien à faire dans la locution! Le seul cas où *il faut mieux* est normalement usité, c'est si l'on dit, par exemple : *il faut mieux te comporter,* ou : *il faut mieux manger que tu ne fais,* cas où *mieux* peut très bien se placer plus loin dans la phrase, et non directement derrière le verbe impersonnel : *il faut te comporter mieux, il faut manger mieux que tu ne fais;* déplacement qui est impossible dans la phrase citée en entrée : *il vaut mieux y aller.* Car *mieux* se rapporte ici directement au verbe *valoir,* alors que dans les phrases ci-dessus avec *falloir* l'adverbe comparatif *mieux* se rapporte à *comporter* et à *manger.*

« faux prétexte (un) »

On doit dire simplement : *un prétexte.* Ce serait commettre un pléonasme que de dire « un faux prétexte », puisqu'un *prétexte* est, enseigne Littré, une *« cause supposée »,* une *« raison apparente dont on se sert pour cacher le motif réel d'un dessein ».* L'expression « faux prétexte » est donc à la fois un pléonasme et un cliché (voir les articles consacrés à ces deux mots). – Il en va de même pour l'expression « un mirage trompeur », souvent employée par automatisme, mais à rejeter puisque tout mirage est trompeur. On peut en dire autant d'un appariement comme : « des illusions trompeuses », puisque le propre des illusions est de nous abuser.

filer *x* nœuds « à l'heure »

Pléonasme à éviter absolument : le *nœud* est le nombre de milles nautiques qu'un bateau parcourt en une heure. Il faut donc dire : *le bateau file 12 nœuds.* Dans *Mathias Sandorf,* Jules Verne a employé la locution correctement, mais, une fois, par inadvertance, il a commis le lapsus! L'histoire du mot confirme l'absurdité de l'expression fautive « vingt nœuds à l'heure ». Pour mesurer la vitesse de leurs navires, les marins d'autrefois laissaient *filer,* à l'arrière, une corde à l'extrémité de laquelle était attaché un flotteur. Cette corde portait des nœuds disposés à intervalles réguliers, en principe à 14,78 m les uns des autres. On laissait filer cet appareil, appelé *loch,* pendant une demi-minute; après quoi on le halait, et l'on comptait les nœuds qui avaient été immergés. Leur nombre correspondait exactement au nombre de milles nautiques que le bateau aurait parcourus en une heure à la même allure. « *Filer vingt nœuds* », c'est donc filer vingt nœuds à la demi-minute. Vingt nœuds « à l'heure » ne se filent qu'en cas de calme plat (voilier *encalminé*) ou de sérieuse avarie de machine.

« fils prodige (la parabole du) »

La confusion *prodige-prodigue,* due à la grande ressemblance des deux mots, est assez fréquente. Rappelons que dans la fameuse parabole évangélique (Luc, XV, 11-32) il s'agit d'un fils qui, après avoir dilapidé sa part d'héritage, revient penaud et repentant dans sa famille, pour y chercher le vivre et le couvert (à ce propos, voir p. 125).

Une personne *prodigue,* un *prodigue,* est quelqu'un qui effectue des dépenses inconsidérées, qui fait des dépenses excessives. Un prodigue peut, devant la loi, être reconnu comme incapable majeur et la gestion de ses biens mise sous tutelle.

Employé seul, ou le plus souvent comme épithète, le substantif *prodige* s'applique à un être exceptionnellement précoce, qui fait preuve de dons extraordinaires. Quasiment tous les parents et grands-parents prétendent que leurs enfants et/ou petits-enfants sont de « *petits prodiges* »! Dans la bouche du père d'un certain Wolfgang Amadeus Mozart, il ne se serait pas agi d'une exagération...

Formica

À propos des noms de marque déposés, voir ce qui est dit sur *Formica* à : **bottin,** p. 58.

Fridigaire (mettre au)

Au sujet de la majuscule ou de la minuscule initiale de ce mot, voir : **bottin,** p. 58.

« gâchette (le doigt sur la) »

Radicalement impossible : la gâchette est une pièce intérieure de l'arme à feu, le soldat ne peut donc pas avoir posé son doigt dessus. Le Grand Larousse encyclopédique précise bien : « pièce mécanique d'une arme à feu qui maintient la masse percutante vers l'arrière et la libère vers l'avant lorsque le tireur appuie sur la détente pour faire partir le coup ». Il faut donc dire : *le doigt sur la détente.* Le même dictionnaire mentionne que « la détente est souvent, et à tort, confondue avec la gâchette ». Le Grand Robert (édition de 1957) enregistre cette confusion comme une extension, et cite en référence Giono, qui, dans *le Chant du monde* (II, VI) écrit :

> Il s'arrêta, la crosse à la hanche, le doigt sur la gâchette, le fusil braqué vers l'arbre noir.

Dans son *Histoire universelle des armes* (Duculot édit. ; 1979), Ray Petitfrère, par exemple, emploie judicieusement les deux termes *gâchette* et *détente* pour désigner des pièces différentes, la première intérieure, la seconde extérieure, de l'arme à feu :

> ... ces pistolets (automatiques) sont munis d'un chien s'armant en double action [...]; cela permet de garder l'arme prête à faire feu, avec une cartouche dans le canon, sans risques de départs accidentels, et sans manœuvre de sûreté, avant d'agir sur la détente.

Il ajoute ailleurs que le pistolet automatique peut rester

> des années chargé, [...] toujours prêt à faire feu sans manœuvre préparatoire, par la seule action du doigt sur la détente.

Dans un chapitre antérieur, décrivant les débuts de l'armement dit *à platine*, Ray Petitfrère fait mention de « *la gâchette, intérieure et fonctionnant dans le plan horizontal* ». Il s'agit là d'une description moderne des anciens pistolets. Depuis l'époque à laquelle se réfère l'auteur (seconde moitié du XVIe siècle), la gâchette est restée une pièce intérieure.

On trouvera, notons-le, une excuse à la confusion souvent commise par le simple usager, et même par des écrivains, dans ce qui ressort des définitions données par les lexiques. En voici un exemple. En 1834, A. de Wailly (*Nouveau vocabulaire français*) définissait ainsi le mot *gâchette* : « morceau de fer coudé qui fait partir la détente

DÉTENTE
GÂCHETTE

du fusil », tandis qu'en 1976 le Petit Robert indique : « La détente du fusil est un levier coudé, qui sert à abaisser la tête de gâchette, libérant ainsi le chien et le percuteur. » Entre-temps (1872), Pierre Larousse avait rétabli l'ordre des choses en précisant que la gâchette « agit par l'effet de son ressort et par la pression qu'exerce au-dessous d'elle la détente », ce qui ne paraît pas avoir changé depuis et semble avoir traversé toutes les modernisations plus ou moins estimables qu'ont subies les armes à feu.

gardes mobiles / gendarmes mobiles

« J'ai vu passer un peloton de gardes mobiles. » La brave ménagère qui communique cette importante information à son boucher commet un anachronisme! Les « moblots », comme l'on disait en argot (et, auparavant, le même terme avait désigné les membres de la garde nationale mobile due au maréchal Niel, en 1868), ont cédé la place aux *gendarmes mobiles* et aux compagnies républicaines de sécurité (C.R.S.) avec l'instauration de la IVe République...
Rappelons qu'il n'y a aucune raison de mettre un trait d'union à *garde mobile* ou à *gendarme mobile.*
N.B. : garde mobile était utilisé par abréviation pour « garde républicain mobile ».

« gîte et le couvert (le) »

Mauvaise formulation pour désigner les deux attributs principaux de l'hospitalité : de quoi se restaurer et un lieu où dormir. En effet, il y a là un pléonasme énorme : le *gîte,* c'est la même chose que le *couvert*! Le couvert

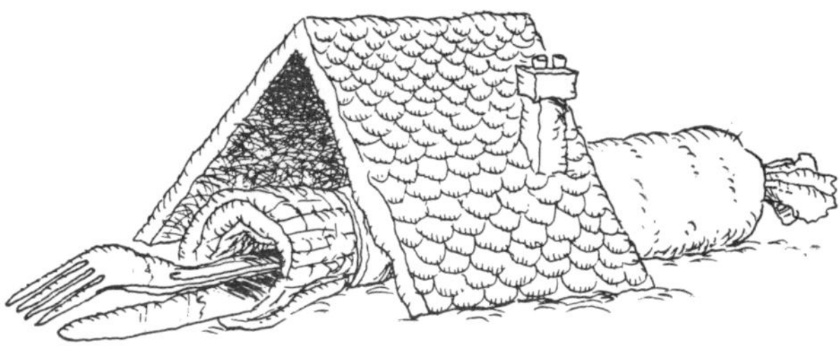

dont il est question ici n'est pas l'ensemble cuillers-fourchettes-couteaux que l'on entend dans l'expression *le couvert est mis,* mais simplement la couverture de l'immeuble, la toiture, l'abri, la maison, dont parle le vieil adage de droit : *le propriétaire doit à son locataire le clos et le couvert* (le clos = les murs, les portes, les fenêtres, les volets; le couvert = le toit). Pour les avantages de l'hospitalité, il faut donc dire : *la table* (ou *le vivre*) *et le couvert.* Ou encore : *le gîte et la table.*

« glacière (la période) »

Barbarisme orthographique malheureusement fort répandu. À trois semaines d'intervalle, par exemple, nous le rencontrions dans nos lectures : « ... la séparation de l'Afrique et de l'Asie pendant la période glacière » (*Bonne soirée,* 25 sept. 1985); « pendant la période glacière, il fallait le voir... » (*le Canard enchaîné,* 16 oct. 1985). L'adjectif convenable est *glaciaire,* qui qualifie tout ce qui se rapporte aux glaciers, ainsi qu'à des périodes de l'ère quaternaire où ceux-ci couvraient une grande partie du globe. L'homonyme *glacière* est un substantif féminin qui désigna autrefois un glacier et désigne de nos jours un meuble ou un espace clos destinés à conserver les aliments par le froid.

goulot d'étranglement (un)

Expression à exclure ou à entériner ? Un *goulet* est, dans une rade fermée, un passage étroit donnant accès à la pleine mer, comme l'indique, entre autres, le *Dictionnaire Gruss de marine* (Éditions maritimes et d'outremer). Le Grand Larousse de la langue française ajoute plusieurs autres définitions; principalement : « passage resserré entre des montagnes ou des rochers » et « bras de mer resserré entre deux rivages ». *Goulet* fut aussi autrefois un synonyme de *goulot* au sens de *col de bouteille* (XVIIe s.).
Le problème porte donc sur l'expression quasi pléonastique *goulet d'étranglement* (étant fort resserré, un goulet constitue forcément un passage difficile, source d'étranglement, de paralysie!), ou plutôt sur l'équivalent « goulot d'étranglement » que l'on voit et entend de plus en plus fréquemment. Le G.L.L.F. déclare ainsi que *goulot,*

ALLEZ, AU "GOULOT!"

dans le vocabulaire contemporain, tend à se substituer à *goulet* en un certain nombre d'emplois figurés. Cet excellent dictionnaire entérine donc *goulot d'étranglement* : « en termes d'économie politique, passage difficile qui retarde l'écoulement des marchandises », et, par extension, « tout resserrement qui empêche une progression, un écoulement normal ».

J. Hanse prend en compte cette sensible évolution du langage quand il indique qu'en termes d'économie politique l'on dit indifféremment *goulet d'étranglement* ou *goulot d'étranglement,* ce dernier syntagme « tendant à l'emporter ». Cet auteur admet également – « à la rigueur » – *goulot* concurremment avec *goulet* pour désigner l'extrémité étroite d'une artère, d'une avenue...

Selon nous, la formule idéale serait l'utilisation du seul mot *goulet* (et non le pléonasme *goulet d'étranglement*) lorsqu'il s'agit de parler, au sens propre ou au sens figuré, d'un passage difficultueux du fait de son étroitesse, de la petite marge de manœuvre qui subsiste, etc. Toutefois, il semble impossible de bannir de l'usage une expression certes critiquable mais largement entérinée.

Dans un second temps, il faut bien reconnaître que le mot *goulot* comporte lui aussi l'idée de *passage étroit, resserré.* La partie étranglée d'une rue peut alors très justement être comparée au goulot de la bouteille, qui empêche un écoulement abondant et brutal du liquide. Nous pensons donc que, s'il convient de mentionner l'opinion des linguistes qui condamnent encore *goulot d'étranglement,* il faut faire remarquer que leur jugement semble bien sévère, puisque les deux métaphores se défendent, et qu'ils vont à contre-courant de l'usage contemporain. La constatation de ces deux derniers arguments conduit à ne plus interdire l'emploi de *goulot d'étranglement...*

En revanche, il convient assurément d'employer le seul mot *goulet* dès lors qu'il s'agira du terme géographique maritime : *Le grand yacht du chef de l'État connut quelques problèmes dans le goulet.* Et il en sera de même quand on parlera de défilés au sein de montagnes : *Les fantassins durent se mettre à la queue leu leu pour franchir ce très étroit goulet du Dauphiné.* Dans des acceptions très techniques (pêche, manutention), rien ne justifierait non plus la substitution de *goulot* à *goulet.*

grâce à...

« C'est grâce à vous que cet accident est arrivé. » Le mot *grâce* implique une idée favorable, de remerciement, de service rendu ; exemple : *c'est grâce à vous que j'ai obtenu cet emploi.* L'idée d'un accident, d'un échec, d'une menace, d'un risque, d'un fait malheureux, exclut l'usage du mot « grâce » ; il faut dire, par exemple : *cet accident est arrivé par votre faute,* ou, si l'on préfère adoucir l'expression : *vous êtes à l'origine de cet accident* ; en aucun cas : « c'est grâce à vous que... », car on semblerait se réjouir que cet accident ait eu lieu.

haricot de mouton

« J'ai acheté des lingots blancs pour faire un haricot de mouton. » Formulation erronée. La ménagère achète des lingots blancs pour *préparer du mouton aux haricots,* mais non pour faire un « haricot de mouton », car le plat appelé *haricot de mouton* se prépare SANS HARICOTS. Le mot *haricot,* dans cette dénomination (propice à la confusion, certes), ne désigne pas le légume bien connu : c'est un dérivé altéré du verbe ancien *haligoter,* aujourd'hui disparu du vocabulaire, qui, en vieux français, signifiait *couper en morceaux.* Pour prévenir toute erreur, certains puristes disent : *un haligot de mouton,* ce qui est correct ; mais l'expression *haricot de mouton,* bien qu'impropre et désignant un mets d'où les haricots sont absents, est entrée dans le langage. L'important, pour déjouer toute méprise, est de ne pas l'appliquer pour désigner le *mouton aux haricots.*

A priori, il ne semble pas y avoir de rapport entre le vieux verbe *haligoter* ci-dessus mentionné et le n. m. et adj. *aligoté,* s'appliquant à un cépage de raisin blanc, mot dont l'origine est obscure. Noter la différence orthographique.

Harvard (université « de »)

Il faut dire : *l'université Harvard* (et non « de Harvard »), du nom de John Harvard, qui la fonda en 1636 à Cambridge (Massachusetts). Voir aussi ***Columbia*** et ***Yale,*** p. 72 et 251.

« heures locales (à 15) »

C'est une facilité de langage qu'il vaut mieux refuser. Un événement s'est produit à Caracas ou à Nouméa, et vous, à Paris, tenez à préciser que l'heure que vous indiquez en le rapportant est celle du fuseau horaire de la ville concernée. Dire : « à 15 heures locales » est une manière très négligée de s'exprimer. Il ne faut pas craindre de répéter le mot *heure* (c'est là une répétition vénielle), de dire : *à 15 heures, heure locale.* S'il s'agit d'une dépêche que vous imprimez dans un journal, usez de l'abréviation entre parenthèses : *à 15 heures (h. loc.).* À ce propos, signalons que si, dans les décomptes, les énumérations, les statistiques, les temps, le mot *heure* s'abrège sans point, ainsi que les mots *minute* et *seconde* (ex. : *En 1969, l'Australien Clayton courut le marathon en 2 h 8 min 33 sec 6/10; Suzanne a rendez-vous à 18 h 30*), en revanche le point abréviatif est obligatoire dans une locution excluant tout chiffre, de sorte qu'on doit écrire : *h. loc.* (et non « h loc »).

« hiatus, le hiéroglyphe, etc. (le) »

L'*h* de ces mots est muet; il faut donc dire : *l'hiatus, l'hiéroglyphe*, etc., et non « le » hiatus, « le » hiéroglyphe. Au pluriel, on doit faire sentir la liaison : *des* (z') *hiatus, des* (z') *hiéroglyphes,* etc. Pareillement, on dira : *cet* (et non : « ce ») *hiatus, cet hiéroglyphe.* – Même remarque que pour *hyène* à propos des transgressions.

Voir aussi l'article **ÉLISION**, p. 101.

Hollande ou **Pays-Bas ?**

Ces deux termes ne sont pas toujours interchangeables. Rigoureusement, le mot *Hollande* désigne la partie la plus riche et la plus peuplée du royaume actuel des Pays-Bas. Les deux noms ne sont donc pas synonymes... Toutefois, dans l'usage courant, il est bénin de dire qu'un coureur cycliste est « hollandais » – au lieu de dire qu'il est *néerlandais* (Pays-Bas = *Nederland,* en néerl.) –, que de belles tulipes arrivent de « Hollande », etc.
Cette confusion s'explique fort bien par l'histoire de ce pays, issu du comté de Hollande et de multiples autres duchés et comtés d'allégeances diverses qui formaient ce qu'on appelait : *les pays d'embas le long de la mer.* Les termes de *Hollande* et de *Pays-Bas* existèrent conjointement – avec des sens différents pour le second – cela jusqu'à ce que les provinces protestantes, les provinces du Nord, révoltées contre l'Espagne, eussent obtenu leur indépendance et pris le nom de *Provinces-Unies* (en 1579 : rupture avec l'Espagne, qui reconnaît *de facto* l'indépendance en 1609 après de nombreuses années de guerre). Le mot *Hollande* fut officiellement remis en vigueur par Napoléon, lorsqu'il créa un royaume de ce nom pour son frère Louis (1806-1810). L'Empereur annexa ensuite ledit royaume à l'Empire français. En 1815, le Congrès de Vienne constituait le royaume des Pays-Bas en associant les Provinces-Unies à la Belgique, association tout à fait artificielle qui devait prendre fin avec la révolution belge de 1830... Le royaume des Pays-Bas, depuis, n'a pas modifié son appellation officielle.
De nos jours, la Hollande est administrativement divisée en deux provinces : la *Hollande-Septentrionale* (ville principale : Amsterdam, mais chef-lieu : Haarlem) et la *Hollande-Méridionale* (chef-lieu : La Haye, ville principale : Rotterdam).

La structure des Pays-Bas étant plus ramassée et plus restreinte que la superficie de la Grande-Bretagne, il est moins grave de confondre *Pays-Bas* et *Hollande,* lorsque l'on veut situer un endroit, que de mélanger *Angleterre* et *Grande-Bretagne* (voir ***Angleterre ou Grande-Bretagne?,*** p. 23).
En revanche, on se gardera de parler de « royaume de Hollande », qui serait un anachronisme. Bien entendu, même si le terme exact devrait – ou pourrait – être *Pays-Bas,* on ne modifiera pas des expressions ancrées dans l'usage comme *fromage de Hollande, porcelaine de Hollande, papier de Hollande...* Par antonomase, on écrit avec une minuscule : du *hollande* (fromage; papier), de la *hollande* (porcelaine), etc. Car on risquerait fort de n'être point compris de son épicier si on lui réclamait : « Deux kilos de nederland! » pour : *Deux kilos de hollande*! – que ce soit du fromage ou des pommes de terre –, et l'on estomaquerait bien des mélomanes en évoquant la légende du « Néerlandais volant » chère à Richard Wagner!...

HYBRIDES (MOTS)

Il est des mots que l'usage populaire n'a point créés et qui ont été formés artificiellement. C'est le cas de substantifs et d'adjectifs composés de racines empruntées à des langues différentes. Les puristes ont critiqué véhémentement ces termes, qu'ils tiennent pour des monstres hybrides, mais l'usage courant en a adopté quelques-uns, intégrés désormais à la langue. Voici, à titre d'exemples, plusieurs de ces mots :

Bureaucrate
(Et les vocables de la même tribu.) Produit hybride, car *bureau* vient du latin (cf. *bourre, bure,* etc.) tandis que *kratos,* pouvoir, est du grec. Le mot, daté du milieu du XVIIIe siècle, n'en a pas moins fait florès... autant que la chose!

Hippomobile
Adjectif bâtard né de la greffe du latin *mobilis,* qui se meut, sur le grec *hippos,* cheval. Contrairement à *hippopotame,* qui unit deux éléments grecs (*potamos,* fleuve), *hippomobile* atteste une double origine. S'il s'emploie de moins en moins, c'est que ce qu'il signifie est en nette

régression. Ce qui, assurément, n'est pas le cas pour *automobile,* autre hybride dont le premier élément, *auto-,* est tiré du grec et signifie « de soi-même, par soi-même ».

Polyvalent

Ce vocable, d'usage médical, chimique et... fiscal, accouple le grec *polus,* nombreux, et le latin *valens,* capable; il signifie donc étymologiquement : « qui agit dans plusieurs domaines, dont les capacités sont multiples ». Il eût été plus rationnel, certes, d'inventer *omnivalent* (comme *omnivore,* qui mange de tout) ou *multivalent* (comme *multicolore,* qui est de plusieurs couleurs). Mais *polyvalent* s'est imposé, soit dit sans jeu de mot, depuis la fin du XIXe siècle.

Il n'est pas interdit de fabriquer des mots hybrides; il peut simplement sembler préférable qu'un néologisme se compose d'éléments homogènes plutôt que disparates.

Papivore

Ce mot, de création récente, n'est pas réellement hybride. En effet, le premier élément est tiré du mot *papier.* Certes, celui-ci remonte au grec *papuros,* qui désigna d'abord un roseau croissant en Égypte, dont la fibre servait à fabriquer un produit assez semblable à notre papier. Cependant, les Latins adoptèrent très vite le mot grec, dont ils firent *papyrus,* mot qu'ils conservèrent pour désigner le vrai papier lorsqu'il fut inventé. Le second élément, *-vore,* est emprunté au verbe latin *vorare,* manger. Le sens de *papivore* est donc : *qui mange du papier.* Le mot a été imaginé par des pamphlétaires pour désigner un magnat français connu pour s'être taillé un empire dans la presse en achetant de nombreux journaux. Mais la racine *pap* [...] avait servi jusque-là à former des vocables ayant un tout autre sens, où elle représentait le mot *pape,* chef de l'Église catholique; nom dérivé du latin *papa,* lui-même issu du grec *pappas,* père. C'est ainsi qu'existent les mots *papicole, Papimane, papolâtre,* tous plus ou moins péjoratifs et signifiant « adorateur du pape », le premier en vogue autrefois chez les protestants, le deuxième créé par Rabelais dans son *Tiers livre des faicts et dicts héroïques du noble Pantagruel,* sans oublier les dérivés plus courants comme *papal (e, aux), papauté, papesse, papiste,* etc. Si bien que *papivore* veut plutôt dire : *qui mange le pape!* Pour exprimer la boulimie de papier, il eût donc été plus judicieux d'utiliser les racines grecques, qui auraient donné *papyrophage.* Ainsi trouve-t-on dans la revue *Distance,* n° 74 (janv.-févr. 1986), une publicité pour les beaux papiers à lettres qui « flattent vos fantasmes papyrophiles ». En matière de néologismes, la hardiesse est autorisée mais ne dispense pas de la précision!

Les mots-valises

Ce sont des mots hybrides dont l'hétérogénéité va jusqu'à la tératologie. En français, le type en est le nom commun *autobus,* formé avec les deux premières syllabes du mot *automobile* et la dernière du mot latin *omnibus,* pour tous (de *omnes,* tout le monde). Sur le même modèle fut créé *tigron* ou *tiglon* pour désigner le produit stérile du tigre et de la lionne, ou du lion et de la tigresse. On a également inventé *franglais,* langage où le français est fortement imprégné d'anglais ou d'anglicismes. Les Anglais, de leur côté, ont contracté les mots *smoke,* fumée, et *fog,* brouillard, en un seul mot : *smog,* nom donné à une sorte de brouillard, généralement toxique, formé de fumées industrielles. Ces termes anormaux sont passés dans le vocabulaire; leur prolifération n'en serait pas moins indésirable.

« hyène (la) »

Il faut dire : *l'hyène,* et, au pluriel, faire sentir la liaison : *des* (z') *hyènes.* Même élision avec *de* : *des cris d'hyène* (et non « de hyène »). Dans tous les mots commençant par *hy* (ce sont, sans exception, des emprunts au grec), l'*h* est muet : *l'hydrogène, l'hymen, l'hypotension,* etc. – Des transgressions continuelles dues à l'ignorance tendent à faire admettre aussi l'initiale aspirée, mais il n'y a aucune raison pour introduire la confusion dans un régime qui n'exige pas d'être modifié.

« ignorer (vous n'êtes pas sans) »

Ceux qui emploient cette expression calamiteuse en croyant dire : *vous n'ignorez pas* font le plus énorme contresens qui se puisse imaginer. Il suffit de décomposer la phrase pour, à l'analyse, constater qu'elle signifie : *vous ignorez assurément!* En effet, *être sans ignorer,* c'est savoir; donc, « n'être pas sans ignorer », c'est ne pas savoir. Si vous voulez dire à vos auditeurs ou à vos lecteurs : *vous savez certainement que...,* dites-le ainsi, ou bien encore dites : *vous n'êtes pas sans savoir.* Ainsi, vous parlerez français! – L'expression vicieuse a malheureusement été gravée sur la pellicule dans des films relativement importants, et on l'a ouïe dans la bouche d'éminentes personnalités.

impensable

M. Jean Dutourd, de l'Académie française, a déclaré la guerre au mot *impensable.* Il n'est pas le premier : des grammairiens, déjà, ont rejeté cet adjectif, estimant qu'il suffit d'avoir au vocabulaire ses synonymes *inconcevable* et *inimaginable.* La raison principale qu'ils avancent est que *concevoir* est transitif direct dans tous les cas (on conçoit un projet) alors que *penser,* en règle générale, est intransitif (on pense *à* quelque chose, par exemple *à* un projet); à quoi il a été répondu que *penser* est aussi transitif, quoique plus rarement (l'emploi absolu en est tout de même assez fréquent). M. Dutourd souhaite que soient taxés de 20 F d'amende les usagers du mot *impensable* chaque fois qu'ils le prononcent ou l'écrivent

LE PENSEUR DE RODIN

(*France-Soir,* 20 décembre 1985; *le Figaro Magazine,* 11 janvier 1986). Il met cet adjectif au nombre des « *menues horreurs* » telles que – nous le citons – « top-niveau », « nominer », « générer » au sens d'*engendrer* et « avatar » au sens de *tribulation.*

Il est bon cependant de souligner que Littré a admis *impensable* dans l'Addition au Supplément de son dictionnaire, et la réédition Jean-Jacques Pauvert de 1957 le mentionne à sa place alphabétique avec la citation que donne Littré d'une phrase de Paul Janet, philosophe et docteur ès lettres (1823-1899), extraite d'un article de celui-ci paru dans la *Revue des Deux Mondes* en date du 15 mai 1877. Littré le définit ainsi : « Qui ne peut être pensé. » Quant à Janet, se référant à la philosophie de Hegel, il y voyait une alliance de mots qui « imposent à la raison de penser des pensées impensables ». Le Grand Robert cite des exemples d'emplois de cet adjectif empruntés à Charles Péguy, à François Mauriac et à Jules Romains. Même en infligeant 20 F d'amende pour chaque emploi du mot à ceux que M. Dutourd appelle des « péroreurs officiels », il n'est pas sûr qu'*impensable* serait aisément exclu de la langue. Une question se poserait d'ailleurs : faut-il compter les académiciens parmi ces péroreurs-là ? Car, on vient de le voir, des Immortels comme Mauriac et Romains – et Littré lui-même – ont accordé droit de cité au mot critiqué, que ce mot doive accéder ou non au Dictionnaire de l'Académie.

Un reproche, pourtant, qui n'a pas été formulé aurait pu l'être : un puriste tatillon pourrait exciper d'une confusion possible attribuant à *impensable* une filiation non avec *penser* mais avec *impenses,* substantif habituellement pluriel désignant des dépenses faites sur un immeuble par quelqu'un qui l'habite sans en être propriétaire. Ce serait certes du byzantinisme, mais la critique reposerait sur un argument étymologique apparemment sérieux. Cela dit, le mot *impenses* est si peu usité, et l'est dans une acception si spécifique, que ce serait chicane de soulever un débat à ce propos.

« indiffère (cela m') »

J. Girodet *(op. cit.)* dit fort bien qu' « indifférer » « appartient à la langue parlée relâchée ». Et l'excellent lexico-

graphe poursuit ainsi : « On dira : *laisser indifférent* ou : *être indifférent* : " *Cette affaire me laisse indifférent* " ou " *m'est indifférente* " (et non " Cette affaire m'indiffère "). »

En revanche, le Grand Larousse de la langue française accepte ce verbe parasite en usant (abusant ?) de l'indication *Fam.* (= familier) et en s'appuyant sur une citation de Montherlant :

> Je n'aimais pas l'amour, je n'en avais pas besoin, je me suffisais, mon corps m'indifférait.

Certes, on constate l'emploi croissant, dans le langage parlé, de ce « néologisme inutile » (ainsi l'appelle J. Hanse, *op. cit.*) ; pour autant, cela ne justifie pas son utilisation dans un français écrit que l'on veut pur et d'un niveau soutenu...

Aucun dictionnaire usuel, à notre connaissance, ne mentionnant le verbe suivant, nous n'en sommes que plus confortés dans notre condamnation du non moins inutile « insoucier » (« cela m'insoucie »), aisément remplaçable par d'autres formules : *Cela ne me dérange pas; Cela ne me gêne en aucune façon; Je ne me soucie point du tout de cela...*

Il n'y a pas lieu de manifester plus d'indulgence envers le verbe « insupporter », qui se répand rapidement dans le langage : « Des types comme lui, ça m'insupporte », au lieu de : *Ça m'est insupportable.* Robert a cru pourtant devoir l'enregistrer comme « familier » et usité « par plaisanterie »; après A. V. Thomas, il le relève dans un dialogue de *Maman Colibri*, d'Henry Bataille (II, IV).

ingambe

Adjectif signifiant « très alerte des jambes ». Quelques-uns, en ignorant le sens véritable, lui donnent le sens contraire! Donc, attention : *il faut être très ingambe pour courir le marathon.* Le préfixe *in* a ici le sens de « dans », « en », comme dans *injecter, innerver, inséminer,* et non le sens négatif ou privatif du *in* de *inculte, insomnie,* etc. *Ingambe* = « en jambes ».

initier

Ce verbe du 1er groupe est, depuis quelque temps, employé à tort. On entend dire, et l'on voit écrire, par exemple : « initier une nouvelle méthode », pour : *inno-*

ver une méthode (c'est-à-dire un procédé inconnu jusqu'ici), ou, au sens étendu : *l'inaugurer,* mettre en pratique cette méthode pour la première fois. Ainsi, dans une lettre de lecteur publiée par *le Monde* daté du 2 octobre 1985, on lit : « Bravo! [votre journal] n'a pas hésité à poursuivre l'enquête, après l'avoir initiée. » On ne saurait « initier » une enquête. *Initier,* c'est procéder à l'initiation de quelqu'un, lui enseigner les premiers éléments d'une connaissance. Une enquête est *ouverte, entreprise, commencée, mise en route, lancée,* on en a *pris l'initiative.* Le glissement de sens est aisé à comprendre : celui qui prend l'initiative est dit *initiateur,* au sens de *novateur, innovateur*; de là une tendance à donner au verbe *initier,* pour complément, non plus une personne qu'on initie, mais une chose *innovée.* Pourtant, l'abondance des termes disponibles devrait dispenser de chercher d'autres équivalents dont le besoin ne se fait pas sentir et qu'appelle un emploi différent.

« insigne (une) »

Faute de genre : *insigne* est du masculin. Exemple : *Porter un insigne très voyant.*

insigne

Adjectif. Ici comme dans *ingambe* (voir ce mot, p. 139), le préfixe *in* n'a pas le sens privatif (qu'il a, par exemple, dans *indigne*). *Insigne* (lat. *insignis*) veut dire *remarquable, supérieur.* Exemples : *l'insigne basilique Notre-Dame de Paris,* ou, par antiphrase : *une insigne maladresse.*

« insoucier »

Néologisme inutile. Voir : ***« indiffère (cela m') »,*** p. 137.

JANOTISME ou JEANNOTISME

Pierre Larousse (t. IX de son Gr. Dict. univ. du XIXe s.; 1873) donne le nom de « *janotisme* ou *jeannotisme* », – en précisant : « d'après certains dictionnaires » – à une « construction vicieuse de la phrase, qui donne souvent lieu à des amphibologies ridicules ». Il cite notamment cette phrase : « Il mit ses deux pieds avant de descendre dans ses bottes neuves »; l'auteur, de toute évidence, eût dû commencer sa phrase par : *Avant de descendre, il...* Voici quelques autres exemples :

« Le dénommé Tony Truan, proxénète avéré, a blessé sa " protégée " Marie Juana, qu'il soupçonnait, à tort ou à raison, de lui avoir volé sa montre, en tirant sur cette dernière un coup de revolver. »
Bien entendu, le méprisable Tony Truan n'a pas tiré sur sa propre montre, comme cette phrase maladroite pourrait le laisser supposer; en réalité, il *a blessé sa " protégée " Marie Juana en tirant sur elle un coup de revolver parce qu'il la soupçonnait, à tort ou à raison, de lui avoir volé sa montre.*

– « Un homme a été attaqué puis délesté sous la menace de plusieurs billets de banque. » (*La Marseillaise,* 1er mars 1986.)
Pour supprimer le janotisme, il suffit ici de mettre entre deux virgules ou deux tirets la bribe de phrase « *sous la menace* », sans même la changer de place. Mais on peut aussi la remonter, soigneusement entre-virgulée, avant « *délesté* » : cela donne : [...] *a été attaqué puis, sous la menace, délesté de plusieurs billets de banque.*

– « Une R 25 signalée volée quelques jours plus tôt a été découverte incendiée par les pompiers. » (*L'Indépendant*

des Pyrénées-Orientales, 23 juillet 1986; cité par *le Canard enchaîné* du 30.)
Bien entendu, la voiture avait été découverte par les pompiers... trop tard pour qu'ils pussent éteindre l'incendie qui l'avait consumée. Il fallait écrire : *Les pompiers ont découvert incendiée la R 25 signalée volée quelques jours plus tôt,* ou, mieux encore : ... *dont le vol avait été signalé quelques jours auparavant.*

– « Il a été discuté d'un projet de loi visant à construire de nouvelles installations portuaires à l'Assemblée nationale. » Cette phrase désopilante, qui fait du Palais-Bourbon un port fluvial, est réparable : *à l'Assemblée nationale* doit être placé soit au départ de la phrase, soit après *discuté*; il sera bon de le mettre entre deux virgules, non obligatoires toutefois.

Voir aussi **AMPHIBOLOGIE.**

Notons que le nom de *janotisme,* ou *jeannotisme,* a pour étymon le nom propre *Jean,* d'où fut tiré *janot,* ou *jeannot,* n. commun, au sens ancien de « niais, sot, mari bafoué ».

« jouir d'une mauvaise santé »

C'est se méprendre sur le sens des mots que d'user d'une telle expression ! En réalité, *on jouit d'une bonne santé,* ou, malheureusement, *on souffre (on pâtit, on est affecté) d'une santé médiocre. Jouir* implique obligatoirement une sensation très agréable.

le / les

« Le 18-19 à 4 h 20, rediffusion sur Canal Plus d'*Histoires d'outre-tombe*, de Freddie Francis. »

Cette formulation relevée dans un quotidien parisien ne pouvait que plonger le lecteur dans la perplexité : fallait-il comprendre que le film serait diffusé deux fois, les 18 et 19, à la même heure, ou bien que la programmation n'était pas encore définitive et que l'on ne savait pas exactement lequel de ces deux jours la quatrième chaîne passerait ce film d'horreur ?

En fait, le film était rediffusé dans la nuit du 18 au 19 avril, c'est-à-dire le samedi matin, à 4 h 20. Il faut espérer que la plupart des autres journaux fournissaient à leurs lecteurs un programme plus clair et plus compréhensible...

Il est évidemment inadmissible de désigner par un binôme de deux jours (précédé par un très « singulier » article au singulier : « le 18-19 ») une portion variable de temps allant de la tombée du jour au lever du soleil le lendemain ! Il était sans doute trop simple d'écrire : « Le 19, à 4 h 20, rediffusion... » !

Si l'on avait dû indiquer aux lecteurs que ce film allait être diffusé deux jours de suite, les formules licites eussent été : *Les 18 et 19, à 4 h 20...*, ou bien : *Le 18 et le 19, à 4 h 20...*

« légions (ils sont) », « quantités de... »

Même si des termes comme *légion* ou *quantité* évoquent un grand nombre d'êtres animés ou de choses, ils se suffisent à eux-mêmes, et point n'est besoin de les écrire au pluriel; on orthographiera donc correctement : *Il y a un monde fou, et quantité de mouchoirs de toutes les couleurs saluent le départ du* Normandie. – Ou : *À 20 kilomètres de l'arrivée de Paris-Roubaix, les vainqueurs possibles étaient encore légion...*

La locution *être légion* a sa source dans l'Évangile de Luc (VIII, 30), où l'on voit un homme possédé par un esprit impur. « Jésus lui demanda : Quel est ton nom ? Légion, répondit-il. Car plusieurs démons étaient entrés en lui. » Image transposée par Victor Hugo dans *Dieu* (« L'Esprit Humain ») :

Je suis l'Esprit Humain.
Mon nom est Légion.
Je suis l'essaim des bruits et la contagion
Des mots vivants allant et venant d'âme en âme.

« lièvre (soulever un) »

Le boucher, le tripier, peuvent *soulever un lièvre,* au sens propre, en manipulant le gibier qu'ils vendent. Au sens figuré, pour dire que l'on *soulève une question* embarrassante, c'est l'expression usitée par les chasseurs qui doit être conservée : *lever un lièvre* – expression qui signifie que l'on fait sortir le lièvre de son gîte.

Les quelques dictionnaires qui entérinent (... de lièvre!) l'expression « soulever un lièvre » se montrent là bien trop laxistes, ou avant-gardistes, et ne doivent pas être suivis puisqu'il existe une expression de bon aloi à l'acception parfaitement compréhensible.

malgré que

Locution prépositive. Les puristes la condamnent comme vicieuse. En effet, *malgré* est la contraction de *mal gré* en deux mots (qu'on retrouve dans *bon gré mal gré*), où *mal* est adjectif au sens de *mauvais.* On devrait donc employer *malgré que* uniquement dans l'expression *malgré que j'en aie* (si mauvais gré que j'en aie). C'était l'avis de Littré, confirmé par l'Académie. La langue populaire, puis de nombreux écrivains, ont adopté *malgré que* au sens de *quoique* (= en dépit du fait que). Gide a résumé ainsi l'état de la question : « Si l'expression était fautive hier, elle a cessé de l'être. Elle ne se confond pas avec *bien que,* qui n'indique qu'une résistance passive : elle indique une opposition. » (*Incidences,* Lettre à Paul Souday, 13 oct. 1923.) Cependant, les adversaires de cette extension de sens persistent, et une vive controverse à son sujet a débordé sur les colonnes de la revue *l'École émancipatrice* des 18 mai, 8 et 22 juin 1985. Donc, si l'on risque de heurter des lecteurs vétilleux, il est prudent de n'utiliser *malgré que* qu'au sens anciennement autorisé. Si l'on se résout à l'employer au sens récent, se souvenir que la locution exige le subjonctif. – V. le Grand Robert, t. IV; Grevisse, *le Bon Usage,* Duculot, éd.; et aussi J.-P. Colignon-P.-V. Berthier, *Pièges du langage,* I, n° 103, Duculot, éd.

mappemonde, planisphère, sphère, globe

« La sphère de la mappemonde, éclairée de l'intérieur, dominait une masse de livres. »
C'est fort abusivement que certains désignent par le mot *mappemonde* une sphère représentant le globe terrestre. Il suffit de considérer l'étymologie de ce mot issu du latin classique *mappa* (serviette, nappe; plan, carte, d'où l'anglais : *map* et l'allemand : *Mappe*) et *mundus* (monde)... pour comprendre qu'il ne saurait s'appliquer qu'à une représentation plane du globe terrestre. Et Joseph Hanse (*Nouveau Dictionnaire des difficultés du français moderne,* Duculot édit., 1983) écrit à juste titre : « L'Académie et le meilleur usage refusent d'admettre le sens courant, toujours suspect mais qu'on trouve chez d'excellents écrivains, de *globe représentant la sphère terrestre et monté sur un pied.* »
Cette mise au point nous entraîne à étudier les acceptions contradictoires relevées dans différents ouvrages au sujet des deux termes *mappemonde* et *planisphère...* Le glossaire figurant dans le catalogue de l'exposition « Cartes et figures de la Terre » (Centre Georges Pompidou, 1980) définit comme suit les deux mots :

« ***Mappemonde.*** Carte plane représentant le globe terrestre, divisé en deux hémisphères, projetés côte à côte. On

SPHÈRE!... SPHÈRE!... EST-CE QUE J'AI UNE GUEULE DE SPHÈRE, MOI !!?

emploie ce terme de façon abusive mais courante pour désigner une sphère représentant le globe terrestre. »

« ***Planisphère.*** Carte où l'ensemble du globe terrestre est représenté en projection plane. Synonyme : mappemonde. »

A. V. Thomas (*Dictionnaire des difficultés de la langue française,* Larousse édit., 1956) déclare, lui aussi, que la mappemonde est « une carte plane représentant le globe terrestre ou céleste divisé en deux hémisphères ».

Pour le nouveau Grand Robert en 9 volumes, une mappemonde est également une « carte plane représentant le globe terrestre divisé en deux hémisphères projetés côte à côte ».

À ***Planisphère,*** la définition est : « Carte où l'ensemble du globe terrestre est représenté en projection plane ».

On peut alors s'interroger à bon droit lorsque l'on voit Jean-Yves Dournon (*Dictionnaire d'orthographe et des difficultés du français,* Le Livre de poche, 1982) établir une distinction qui va à l'encontre du propos des autres lexicographes susmentionnés :

« *Mappemonde* nf. Carte plane représentant la surface terrestre; *mappemonde céleste* : carte plane représentant l'emplacement des constellations. – On emploiera *globe* pour désigner une représentation sphérique et *planisphère* pour une représentation plane des 2 hémisphères. »

On voit donc que pour Dournon c'est le planisphère qui comporte deux hémisphères, alors que la mappemonde présenterait en un tout, en projection plane, l'ensemble de notre planète... Bigre de bigre! Nous voici contraints de consulter une autre source : le Grand Larousse de la langue française... Première constatation : cet ouvrage se montre laxiste en acceptant pour *mappemonde* le sens abusif de « globe », de « sphère ». Nous ne le suivrons pas dans ce manque de rigueur!

Seconde remarque : à *mappemonde* est donné comme synonyme *planisphère.* Mais la définition première de *mappemonde* est ainsi rédigée : « Carte plane représentant, en projection, le globe terrestre figuré sous forme de deux hémisphères placés côte à côte. » Mais alors... si *planisphère,* synonyme, a la même acception, il n'y a plus de mot pour désigner une représentation globale, plane, non divisée en hémisphères, de notre bien chère Terre! À nous, Kafka, Jarry et son père Ubu, Alphonse Allais...! Et la consultation de l'article *planisphère* du G.L.L.F. confirme notre angoisse : définition strictement identique. Il existe donc un objet qu'aucun terme de la langue française ne définit!

Avec l'esprit pionnier qui nous caractérise, et afin de dissiper le doute affreux que nos lecteurs ont peut-être dû éprouver en comparant les définitions proposées par ces différents dictionnaires, nous déclarerons donc que *mappemonde* et *planisphère* sont des synonymes désignant une représentation plane de la Terre, celle-ci étant figurée soit sous forme de deux hémisphères placés côte à côte, soit « en continu », par un développement global...

Enfin, si vous souhaitez être rigoureux, lexicalement, ne vous laissez pas aller à écrire, comme Théophile Gautier dans *Mademoiselle de Maupin* :

> [...] cette bonne dame qui est à sa gauche et qui étale bravement deux hémisphères qui, s'ils étaient réunis, formeraient une mappemonde d'une grandeur naturelle.

L'auteur, manifestement, veut laisser entendre que les appas de ladite dame sont loin d'être discrets... Ce n'est donc pas à une plate *mappemonde* que, réunis, ils font penser, mais au *globe terrestre*!

marrons du feu (tirer les)

L'expression est correcte en soi mais souvent employée à contresens. Y prendre bien garde : celui qui tire les marrons du feu se brûle sottement les doigts pendant

qu'un autre, qui exploite sa naïveté et sa bêtise, croque les délicieux marrons. *Tirer les marrons du feu,* c'est donc se faire exploiter au profit d'autrui, et nullement « tirer son épingle du jeu » (L'image est empruntée à la fable de La Fontaine *le Singe et le Chat* [*Fables,* IX, 16].)

« Mathausen »

Combien de fois a-t-on vu ce nom de lieu écorché de la sorte ! Encore un de nos meilleurs journaux de province, en son numéro du 12 septembre 1985, écrivait en titre : « Une pierre de Mathausen devant le monument de la Déportation », au-dessus d'une photographie sur deux colonnes ; et dans le texte on pouvait lire : « ... a annoncé à la presse son désir de faire venir de l'un des camps de la mort, Mathausen, une pierre qui serait déposée au pied du monument... » Le nom doit s'écrire *Mauthausen.* Ce camp nazi d'extermination était situé en Autriche, sur le Danube, en face du confluent de l'Enns.

« menacé de se tenir tranquille (je l'ai) »

Que veut bien dire par là un des personnages de *Maigret et le marchand de vin,* de Simenon ? Non, il ne s'agit pas d'une « coquille » – *se* à la place de *me* – dénaturant un propos par lequel le personnage aurait menacé... de ne rien faire, de ne pas intervenir en faveur de son interlocuteur ou d'un tiers. En réalité, le personnage conseille fortement à son interlocuteur de se tenir tranquille, sinon il pourrait lui en cuire...

Simenon eût-il été plus puriste en écrivant : « Je l'ai menacé d'avoir à se tenir tranquille » ? La phrase apparaît comme plus correcte ; toutefois, elle ne saurait être satisfaisante... En effet, on menace quelqu'un de quelque chose (*Je l'ai menacé de mon bâton de berger*), on menace quelqu'un de faire quelque chose contre lui (*Je l'ai menacé d'une dénonciation s'il ne se tenait pas tranquille*).

Le fameux auteur se serait donc montré plus rigoureux en écrivant, par exemple : *Je l'ai menacé d'une correction* (ou : *de mort* – mais ce serait avouer la préméditation !) *s'il ne se tenait pas tranquille, dorénavant.*

À la décharge de l'auteur, précisons qu'il ne prend pas tout à fait à son compte l'expression critiquable... puisqu'il la met dans la bouche d'un personnage, qui peut employer un langage approximatif.

mettre à jour / mettre au jour

Type d'une locution substituée fautivement à une autre : on *met au jour* (et non « à jour ») *des vestiges archéologiques,* qu'ils soient gallo-romains ou paléolithiques; *on met au jour les pratiques scandaleuses* (d'une mafia, d'une coterie, d'un individu taré, etc.). Ce qu'on *met à jour,* c'est ce qu'on veut rendre conforme à la situation et aux besoins du moment : une liste électorale, un carnet

d'adresses, les notes qu'on a prises en vue d'un travail, etc. Un vase étrusque était resté enterré depuis les temps antiques, les fouilles ont permis de le *mettre au jour.* Quant à moi, je me suis *mis à jour* de mes cotisations avec mon syndicat – ou de mes impôts avec mon percepteur.

« moins... que ce que... », « plus... que ce que... »

« ... moins que ce que j'espérais... » Cette formule parlée, à la fois facile et disgracieuse, tend à envahir le langage écrit, au grand dommage de son élégance. Si *moins* ou *plus* se rapporte à un adjectif, l'expression est à rejeter; il ne faut pas dire : « il est moins intelligent que ce que j'espérais », mais : *il est moins intelligent que je ne l'espérais.* Si *moins* ou *plus* se rapporte à un substantif, la locution n'est pas plus heureuse; il ne faut pas dire : « elle a plus de talent que ce que j'imaginais », mais : ... *plus de talent que je n'imaginais.* De même avec *mieux*; ne pas dire : « elle nage mieux que ce que je croyais », mais : *elle nage mieux que je ne croyais.* Voici encore un exemple comparatif; on lit dans un quotidien du Centre, en date

des 19-20 octobre 1985 : « il a enduré plus que ce qui était supportable »; comparez avec la forme classique : *il a enduré plus qu'il* [ou *que ce*] *n'était supportable*; celle-ci est d'une clarté parfaite et, de surcroît, beaucoup plus légère.
Noter que le *ne* usité dans ces formules est celui dit explétif; il n'a aucune valeur négative et ne joue aucun rôle dans l'analyse grammaticale.

« monopole exclusif »

Pléonasme : un monopole est, de lui-même, et obligatoirement, exclusif. Il faut dire simplement : *le (un) monopole.* Le cas est analogue à celui de « panacée universelle » (voir page 162).

MOTS DÉTOURNÉS DE LEUR SENS

Une langue évolue sous l'influence d'une foule de facteurs. Un des plus déterminants, mais non l'un des meilleurs, est le glissement de sens des mots. Souvent, des vocables sont détournés de leur sens premier, coupés de leur racine étymologique, entraînés dans une acception nouvelle par une mode inconsidérée. Phénomène fâcheux la plupart du temps, mais contre lequel la résistance des linguistes, ou simplement des usagers conscients, est fréquemment inefficace. Il nous suffira de recommander de ne pas céder aux engouements momentanés pour un mot en vogue, qui risquent d'en altérer durablement le sens hors de toute logique et de toute nécessité. Mais le fait ne provient pas toujours de la mode. Il arrive que des mots s'usent, perdent de leur force, comme des choses matérielles ou des êtres vivants. Par exemple, *étonner* signifiait à l'origine *frapper de stupeur comme ferait le tonnerre*; depuis longtemps, *être étonné,* c'est seulement être surpris par une cause qui, en général, n'a rien de... foudroyant. De même, *formidable* vient du latin *formidare,* craindre, et signifie donc *redoutable*; or on l'emploie souvent pour des choses assez insignifiantes : « Votre clafoutis, il est formidable! »; ou encore : « C'est formidable ce qu'il a grandi, ce bébé! » On ne peut s'opposer à tous les changements, car il en est beaucoup de justifiés et d'indispensables. Il est bon, néanmoins, d'y apporter discernement et mesure. Vers 1970, une coterie avait lancé le mot *féodal* pour qualifier n'importe quoi! Un shampooing, un fromage, une nouvelle danse, une résidence secondaire, tout était « féodal ». Dix ans, quinze ans plus tard, c'est le mot *génial* qui prend la relève : « Ah! je me suis marrée! c'était génial! »; « J'ai deux jours de congé, c'est génial! » Ces exagérations corrompent parfois le bon entendement des mots, quand la langue courante les retient. À ce propos, voir **évident,** p. 110. Se reporter aussi, mais à un autre point de vue, à l'article consacré à ***publiciste*** et à ***publicitaire,*** p. 209.

nativité / natalité

« Le taux de nativité a crû de façon importante ces six derniers mois. » Plus d'un auditeur de France-Inter a dû sursauter en entendant cette phrase... À juste titre,

CRÈCHE
CITÉ DORTOIR

puisque *nativité,* qui eut autrefois le sens de « naissance » (considérée du point de vue de la date), n'est absolument pas un synonyme de *natalité.* Ce dernier terme, seul, désigne le nombre total des naissances ou le rapport entre le nombre des naissances et le chiffre de la population dans un lieu et dans un espace de temps déterminés : *On déplore depuis une dizaine d'années une régression de la natalité; le taux de la natalité est en forte progression depuis les nombreuses pannes de courant survenues cet hiver...*

De nos jours, *nativité* est exclusivement usité dans des acceptions bien précises :
1. Naissance du Christ, de la Vierge ou de quelques saints (en fait, surtout employé quand il s'agit du Christ; dans ce cas, le mot s'écrit toujours avec une majuscule : *la Nativité*);
2. Fête anniversaire de la naissance du Christ (c'est-à-dire Noël) : *de grandes processions aux flambeaux ont marqué les fêtes de la Nativité 1985*; s'écrit avec une majuscule initiale, également, dans cette acception;
3. Tableau ou sculpture représentant la naissance du Christ; on peut à bon droit hésiter sur la façon de traiter typographiquement le mot dans cette acception : ou bien considérer qu'il s'agit purement et simplement d'un nom commun *(ce peintre est l'auteur de nombreuses marines et de plusieurs nativités),* ou alors conserver la majuscule – comme le recommande le Grand Larousse de la langue française (cette Nativité d'un peintre inconnu rappelle étrangement les œuvres de Raphaël); enfin, on peut traiter le mot comme un titre d'œuvre, ce qu'il peut être, d'ailleurs : *j'ai acheté récemment une* Nativité *de Fra Bertieri*; cette démarche sera suivie même si *Nativité* est un abrégé du titre exact : *j'ai acheté la* Nativité [de Notre-Seigneur] *de Fra Bertieri...*

« n'en n'avez que... (vous) »

Erreur fréquente observée dans l'écrit : ce redoublement fautif de la particule *n'* (le *ne* élidé). Il faut écrire : *vous n'en avez que pour dix minutes.* Exemple de la faute dans *le Point,* 23-29 sept. 1985 : « sur quelque vingt-cinq [cités noires], les émeutes n'en n'ont touché que trente-six ». Il faut, naturellement : ... *n'en ont touché,* etc. Le second *n'* est de trop! C'est la liaison normale et correcte de *ont* avec l'*n* du pronom *en* placé juste devant qui est cause de l'inadvertance.

niveau (au)

L'expression *au niveau* est, bien entendu, parfaitement correcte quand elle est usitée à bon escient. Au sens propre : *la crue est juste au niveau de la digue*; au sens figuré : *il a abandonné ses études au niveau du baccalauréat.* Mais il ne faut pas mettre l'expression à toutes les sauces, en faire une cheville insérée n'importe où dans le langage. Nous avons entendu, par exemple : « Au niveau

de l'Algérie, je vous dirai, au niveau du voyage que nous envisageons, qu'il faudra prévoir un certain supplément au niveau des dépenses. » À ce... niveau, c'est devenu un tic! D'autant plus que la langue française est riche en locutions appropriées : *au sujet de, à propos de, pour, quant à (au), en ce qui concerne, en ce qui touche, en prévision de (du), pour ce qui est de (du)*, etc., il n'y a que l'embarras du choix.

« obligation facultative »

L'Administration – parfois encore courtelinesque, à notre grande exaspération ou à notre grande joie – nous gratifie de temps à autre, dans ses formulaires, de cocasseries de ce type : « [...]. Cette obligation, toutefois, reste facultative pour les familles résidant depuis plus de cinq générations sur le territoire de la commune ». Des obligations « facultatives », voilà qui fera se rouler de joie par terre libertaires, anarchistes et autres individualistes !

Le texte ne prêterait pas à critique si l'on écrivait : *la déclaration* (ou : *l'inscription, l'insertion, le paiement, l'attestation, le certificat, le dossier,* etc., selon le cas) *est cependant facultative (facultatif) pour...*

« occasion à profiter »

Type de construction fautive : il ne peut être admis que des tournures telles que *une occasion à saisir* ou *une occasion dont il faut profiter.* En effet, la tournure *nom* (ou *pronom*) + à + *infinitif* ne peut être employée que lorsque le nom (ou le pronom) est complément d'objet direct de l'infinitif. Or, le complément d'objet de *profiter* est indirect : *profiter d'une occasion.*

Autres abus du même type : « Elle a ses enfants à s'occuper » ; impossible, puisqu'on s'occupe *de* quelque chose ; – « J'ai autre chose à penser » ; impossible, puisqu'on pense *à* quelque chose. Deux cas où le complément d'objet de l'infinitif est indirect.

Moins caractéristique est l'exemple suivant : « Un endroit fait pour être deux » (*France-Soir,* 5 sept. 1986) ; il est pourtant entaché d'une imperfection grammaticale, car *deux* n'est pas le complément d'objet direct du v. *être* à l'infinitif, mais un attribut circonstanciel de quantité (pour être combien ? – deux !). Aussi la meilleure formulation est-elle : *un endroit fait pour qu'on y soit deux.* Mais peut-être ne faut-il pas toujours exiger la perfection !.

Voir aussi « **sans prendre de médicaments (le docteur X... m'a guéri)** », p. 223.

« œil borgne »

« Cet homme a un œil borgne. » Entendue à la télévision, cette expression nous a fait sursauter... La personne en

question était borgne, elle avait pu être accidentellement éborgnée, l'œil manquant avait pu être énucléé chirurgicalement... mais on ne saurait dire que l'œil manquant est... « borgne »!

Employé comme nom ou comme adjectif, *borgne* ne peut signifier que « à qui il manque un œil, qui a perdu un œil, qui ne voit que d'un œil ». Le féminin *borgnesse* est considéré comme péjoratif et doit être réservé à des textes au style volontairement populaire ou satirique.

oiseleur / oiselier

Ce n'est pas une faute rare! La confusion est fréquente entre *oiseleur* et *oiselier.* Et relativement grave, car il s'agit de deux activités assez différentes. L'*oiseleur* capture les oiseaux, l'*oiselier* en élève et en vend. Il peut arriver qu'un oiselier soit aussi oiseleur, et réciproquement; ce n'est qu'une coïncidence. – Exemple relevé dans *France-Soir* du 1er mars 1986 sous la plume de

Nicole Duault: « Gunnar Norrman est à la fois un dessinateur, un musicien et un oiseleur. » Cet artiste piège-t-il les oiseaux? Si oui, Nicole Duault a raison d'user du mot *oiseleur.* Ce qui risque d'en faire douter, c'est que, dans l'article, elle relate que Gunnar Norrman dessine en noir et blanc « le chant des oiseaux, la musique de la mer, le vent dans les arbres » et que c'est un « poète d'un univers essentiellement écologique »; définition plus proche de l'*animalier ornithologiste* et de l'*ami des oiseaux* que de l'oiseleur, et même de l'oiselier.

on

« On a pris nos manteaux... » Phrase à double signification : ou bien *on* a le sens de « quelqu'un, des gens », et dans ce cas il s'agit de sans-gêne ou de voleurs qui se sont emparés de nos vêtements, ou bien *on* est ici un quasi pronom personnel ayant valeur de *nous* et signifie que nous avons revêtu nos manteaux.

Même remarque à propos du dicton populaire « Quand on crache en l'air, cela nous retombe sur le nez ». Le sens de ce proverbe est certes bien connu, mais si nous analysons la phrase, nous devons constater que le *on* peut tout à la fois être compris au sens d'*autrui* (ce qui serait erroné) qu'au sens de *nous*!

Inadvertances gênantes, aussi, que celles consistant à utiliser dans une même phrase des *on* se rapportant à des sujets différents. Il vaut mieux ne pas imiter Théophile Gautier, qui, dans *Jean et Jeannette,* a écrit :

> On [= la servante ou le maître d'hôtel, probablement] vint dire à Mme de Kerkaradec qu'elle était servie, et l'on [= les convives] passa dans la salle à manger.

Le « père » du Capitaine Fracasse eût pu très aisément éviter cette **amphibologie** (voir ce concept, p. 22) en exprimant de manière plus explicite l'un des deux sujets : « *Le majordome vint dire* [...], *et l'on* [...] », ou bien : « *On vint dire* [...], *et nous* [...] ».

ordonnance / ordonnancement

« Cette fête, quel bel ordonnancement! »
Cette naïve exclamation lancée ingénument par M. Barbon-Tendron à la Cartoucherie de Vincennes lors du centenaire du Syndicat des correcteurs est, disons-le, bien sympathique. Mais M. Barbon-Tendron ne semblait guère fixé sur le sens du mot *ordonnancement.* Renseignons-le : un ordonnancement est un acte de caractère commercial, ou un ensemble d'actes, couvrant toute la réalisation, toute l'exécution d'une commande; ou, en matière de finances, un acte d'administration ordonnant au service de comptabilité de procéder au règlement d'une dépense publique « *préalablement liquidée* » (Robert). Pour exprimer le bon ordre qui régit la préparation ou le déroulement d'une fête, d'une manifestation, d'une cérémonie, il suffit de dire : *quelle belle ordonnance!* – ou simplement (cela fera moins pompier) : *comme tout ça est bien arrangé, félicitations!*

ORTHOGRAPHE

Quelques graphies incorrectes entraînent parfois une prononciation vicieuse; en voici quelques exemples (l'ordre alphabétique est observé dans la colonne « FORME FAUTIVE ») :

FORME FAUTIVE	FORME CORRECTE
« absorbtion »	*absorption*
« aéropage »	*aréopage*
« arborigène »	*aborigène*
« aréomycine »	*auréomycine*
« aréoplane »	*aéroplane*
« carapaçonné »	*caparaçonné*
« commissairiat »	*commissariat*
« dilemne »	*dilemme*
« féérie »	*féerie*
« filigramme »	*filigrane*
« frustre »	*fruste*
« fuschia »	*fuchsia*
« Gabarit » (viaduc de)	*Garabit (viaduc de)*
« Garches-lès-Gonesse »	*Garges-lès-Gonesse*
« hynoptiser »	*hypnotiser*
« infractus »	*infarctus*
« lubréfier »	*lubrifier*
« luthérianisme »	*luthéranisme*
« Mathausen » (voir p. 149)	*Mauthausen (camp nazi de)*
« Max Dormoy »	*Marx Dormoy*
« obnibuler »	*obnubiler*
« opprobe »	*opprobre*
« pronunciamento »	*pronunciamiento*
« rasséněrer »	*rasséréner*
« rebellion »	*rébellion*
« rébidhitoire »	*rédhibitoire*
« référencier »	*référencer*
« rénumérer »	*rémunérer*
« tarifier »	*tarifer*

« orthographe correcte »

Si l'on décompose le mot *orthographe*, on constate qu'il est formé de deux racines grecques : *orthos*, qui signifie *correct*, et *graphein*, qui veut dire *écrire*. En conséquence, l'*orthographe* est l'art d'écrire correctement; il y a donc pléonasme à dire « une orthographe correcte », et contradiction à dire « une orthographe incorrecte ». Toutefois,

l'expression « une orthographe correcte » est tellement passée dans le langage courant qu'il est devenu difficile de la reprendre; on la tolérera avec indulgence, car il paraîtrait pédant de la proscrire. Mais, si l'on tient à respecter l'étymologie, on dira et l'on écrira : *une graphie correcte*, ou *incorrecte*.

« pallier à »

Le verbe *pallier* est exclusivement transitif direct, c'est-à-dire qu'il régit un complément direct. Il faut donc dire et écrire : *pallier une défaillance, pallier une carence, un défaut, une erreur, une insuffisance* – mais jamais « pallier à » une défaillance, etc.

« panacée universelle »

C'est un pléonasme. Il faut dire tout court : *une panacée, la panacée* (du grec *panakeia,* de *pan,* tout, et *akos,* remède), puisque ce mot désigne un remède censément universel, vraisemblablement imaginaire.

« pantomine »

Prononciation vicieuse : le vrai mot est *pantomime,* nom féminin.

« par contre » (?)

Faut-il continuer de refuser cette locution tant honnie des puristes ? Les dictionnaires ont cru devoir l'accueillir, et le fait est qu'elle est adoptée par la langue courante. Il semble qu'elle ne soit guère plus critiquable que *par trop,* qui remonte à très loin. Si l'on risque d'avoir affaire à des interlocuteurs pointilleux, on peut en certains cas employer *au contraire, en revanche, en compensation,* etc., au moins dans un écrit soigné. On peut aussi carrément supprimer la locution, qui n'est pas toujours indispensable.

« pareil(le) que... »

Nuançons : il existe un emploi oral et populaire de cette expression, emploi sinon relativement tolérable, du moins difficile à combattre; on entend souvent des

phrases comme : « il s'habille pareil que moi »; c'était du reste admis comme correct autrefois, et le sens de la locution est tout à fait clair. Aujourd'hui, s'exprimer ainsi est devenu une faute; même si on laisse survivre « pareil que » dans le langage parlé, on doit s'interdire de l'écrire. Dites et écrivez : *il s'habille comme moi*, ou : *de la même façon que moi*. Mais il existe un autre emploi beaucoup plus répréhensible, indéfendable à l'analyse, celui qui consiste à dire par exemple : « il a une cravate pareil que moi » (nous écrivons ici « pareil » – et non « pareille » – parce que nous supposons que, dans l'esprit de celui qui commet ce barbarisme, *pareil* est en cette occurrence adverbialisé, donc invariable). Il faut naturellement dire : *il a une cravate pareille à la mienne*, ou : *la même cravate que moi*.

« (par) parenthèses »

Il y a confusion. Il faut écrire au singulier : *par parenthèse* (= en manière de parenthèse, de digression explicative ou accessoire), ou au pluriel : *entre parenthèses* (comme si l'on mettait cela entre les deux signes de ponctuation, l'ouvrant et le fermant, appelés *parenthèses*). La *parenthèse* est un propos annexe de longueur variable qui, dans l'écrit, pourrait être isolé par *des parenthèses*.

PARONYMES ET « FAUX AMIS »

Parmi les causes d'utilisation de termes qui ne conviennent pas, mais auxquels l'on prête des acceptions qui ne sont pas les leurs, figure la paronymie. Les paronymes sont des mots d'étymologie distincte ou bien des mots « congénères » appartenant à une même famille étymologique et qui prêtent à confusion de par leur ressemblance phonétique et/ou graphique. Les homonymes – même s'ils ne sont pas homographes – sont parfois confondus, comme *prendre à partie* ≠ « prendre à parti » (faute due à l'influence de *prendre parti*); dans ce cas aussi on peut dire qu'il s'agit d'une confusion « paronymique »...

Un raisonnement analogique erroné peut amener à commettre des impropriétés quoique les mots concernés ne soient pas phonétiquement proches. Il sera alors plus juste de parler de « faux amis » que de « paronymes ». Mais on a tout à fait le droit de considérer que les paronymes entrent dans une catégorie de mots susceptibles d'être confondus et qu'on désigne globalement sous le nom de « faux amis du langage » [1].

Les confusions les plus fréquentes sont les suivantes (nous nous contenterons d'indiquer à la suite de chaque mot son ou ses principaux sens) :

abjuration (renonciation à une opinion) ≠ *adjuration* (supplication)

acceptation (action d'accepter) ≠ *acception* (sens, signification)

acquis (qui est obtenu par le travail, par l'expérience : participe passé du v. *acquérir* et substantif en dérivant) ≠ *acquit* (reconnaissance d'un paiement, action de *s'acquitter* d'une obligation morale)

adhérence (état d'une chose fortement collée, jointe, à une autre) ≠ *adhésion* (action de s'inscrire à un groupement, à une association...)

apurer (contrôler la régularité, l'exactitude, d'une comptabilité) ≠ *épurer* (rendre pur)

bribes (morceaux) ≠ *bride* (partie de harnais)

capiteux (qui enivre) ≠ *captieux* (fallacieux, trompeur)

censé (supposé, présumé) ≠ *sensé* (sain, raisonnable)

collision (choc brutal, antagonisme) ≠ *collusion* (connivence)

compréhensible (qui peut se comprendre aisément) ≠ *compréhensif* (bienveillant, tolérant)

conjecture ≠ *conjoncture* (voir p. 73)

décade (dix jours) ≠ *décennie* (voir p. 86)

démystifier (détromper quelqu'un qui a été berné, expliquer clairement, vulgariser) ≠ *démythifier* (faire perdre son caractère extraordinaire, fabuleux à quelque chose ou à quelqu'un) – En certaines acceptions, ces deux mots peuvent toutefois être des synonymes...

inclinaison (déclivité, pente) ≠ *inclination* (1° action de se courber, de pencher la tête; 2° penchant, désir)

infecter (contaminer) ≠ *infester* (piller, dévaster)

---

1. Ainsi avons-nous titré *Lexique des « faux amis »* un de nos récents ouvrages (voir ***Bibliographie***).

patricien (aristocrate) ≠ *praticien* (professionnel pratiquant un art, un métier – plus spécialement : médecin exerçant)

prolongation (allongement dans le temps) ≠ *prolongement* (allongement dans l'espace : *le prolongement d'une rue*; direction; au pluriel : conséquences d'un événement)

Les lapsus sont la conséquence d'associations paronymiques effectuées par le cerveau alors que nous sommes en train d'écrire ou de parler. Ainsi avons-nous entendu une présentatrice de France-Musique annoncer « la cantaque » de tel compositeur allemand alors qu'on allait écouter une *cantate* (paronymie avec *cantique*). Par ailleurs, on nota une « Immatriculée Conception » dans la bouche d'un chroniqueur « religieux »! « Au domicile du terroriste, garçon boucher de son état, les policiers ont découvert un véritable... steak d'armes! », annoncera un autre jour un journaliste.

Autres exemples de confusions paronymiques dues à la transmission d'articles journalistiques par téléphone : une sténo a fait dire à un correspondant de province que « le Styx traversait le parc de Charon » alors que le journaliste évoquait Charon, le fameux nocher des Enfers, qui faisait passer aux morts, dans sa *barque,* les fleuves infernaux, dont le Styx.
À plusieurs reprises, nous avons entendu certains de nos interlocuteurs parler de « points de soudure » pour des *points de suture*, et, tout récemment, une jeune femme évoquer les « banzaï » qu'elle faisait pousser dans son appartement. Il fallait évidemment comprendre *bonsaïs,* mot japonais désignant des arbres nains – et non pas le fameux cri de guerre nippon, qui signifiait : « Longue vie [au Japon]! », « Mille ans de vie [au Japon]! », c'est-à-dire : « Gloire au Japon éternel et invincible! ».
Les *ides de mars* – nom féminin pluriel désignant le 15 de ce mois – fatales à Jules César en 44 av. J.-C. furent transformées en « idées de Marx » par un typographe plus familier de l'Histoire contemporaine que de la Rome ancienne, sans doute. Et que dire de la distraction de la rédaction d'un grand quotidien régional, qui laissa passer que la prise de position d'un ministre avait suscité un « pot à lait » quand il s'agissait, à l'évidence, d'un *beau tollé*!
Au-delà des « coquilles » typographiques paronymiques

qui alimentent au-delà de toute espérance sa chronique désopilante « À travers la presse déchaînée », *le Canard enchaîné* reproduit de temps à autre de véritables chefs-d'œuvre du genre. C'est le cas dans son numéro du 7 mai 1986, où est citée une petite annonce parue dans *Mardi-Affaires* daté du 22 avril 1986, annonce très probablement passée téléphoniquement par le client ou par une agence. Le texte publié déclarait donc : « À louer toutes périodes [...] vue sur Le Mans, près 74 Évian. Téléphoner au [...]. » Commentaire du *Canard* : « *Et pour la vue sur le Léman, c'est dans le lac ?* »
On n'en finirait pas de recenser, de collationner ces bourdes afin d'en faire de très volumineux recueils...

À l'impropriété complète s'ajoute parfois le pléonasme. Il en est souvent ainsi, par exemple, avec l'adjectif *somptuaire,* dont la signification exclusive est : qui concerne les dépenses. L'expression (trop souvent notée !) *dépenses somptuaires* est donc absurde, « lapalissadesque » ! La confusion paronymique est, de plus, « à tiroir » : lorsque l'on utilise *somptuaire* de façon illicite, c'est pour en faire un synonyme d'*excessif,* de *très onéreux* – qui ne sont pas des synonymes exacts du paronyme de *somptuaire* : *somptueux* !

Des sondages réalisés au sein de plusieurs classes de seconde ont mis en évidence des confusions de sens surprenantes, dues à des associations de mots inattendues : ainsi, un *insulaire* était « quelqu'un qui vit seul »; *estival,* un adjectif qualifiant une fête (d'après le Festival estival de Paris ?); un *profane,* un « admirateur » (... pro-« fan » ? un « fan » pro[fessionnel] ?); *se coaliser,* « entrer en collision »; *inusitée,* « qui ne s'use jamais »; *velléitaire,* « qui voyage » (??); *hémistiche,* « perruque » (? + *postiche* ?); *séculaire,* « en forme de cercle »; etc.

PARTICIPE APPOSÉ

« Entré par effraction, les policiers découvrirent les traces de sa visite. » Bel « exemple » de rédaction maladroite ! Et qui pourrait entraîner un contresens, d'où un accord erroné d'*entré* : « entrés », aligné sur *policiers.* Le contresens ne pouvant toutefois intervenir que du fait de l'inattention de gens distraits... ou de l'esprit mal tourné de malveillants : a-t-on déjà vu des policiers pénétrer quelque part par effraction ?!! La faute réside dans un emploi abusif du participe apposé. Celui-ci ne peut être employé avant le nom auquel il se rapporte que lorsque ce nom est sujet de la phrase (*Arrivés rapidement sur les lieux, les policiers découvrirent...*). Il faudra donc écrire : *Comme il était entré par effraction, les policiers...*

« partir à Lyon »

C'est de plus en plus usité, mais un langage attentif demande : partir *pour* Lyon, *pour* l'étranger, et non « à »; de même avec l'article contracté *au* (= à le), *aux* (= à les) : partir *pour* les États-Unis, *pour* les Antilles (et non « aux »). – Cela ne signifie pas que *partir à*, *aux*, soit automatiquement condamnable; cela n'est vrai que lorsque la locution est associée à une destination précise; autrement, il est tout à fait normal de dire et d'écrire : *partir à temps, partir au bon moment.* – Ce qui précède vaut pour le verbe *repartir.*

« partir à zéro »

On part *de* zéro, et non « à » zéro. Il en va de même pour *repartir* : *ruiné, il est reparti de zéro.*

« partir en Allemagne »

Comme « partir à », « partir en » est du langage relâché. On doit dire partir *pour* l'Allemagne, *pour* l'Afrique, etc. Cependant, *partir en* n'est pas toujours incorrect : son emploi est correct quand la destination est vague ou indéterminée, ou quand *en* introduit une condition, un moyen de transport, et non un but; ainsi, l'on dira très correctement : *partir en mer, partir en voyage, partir en voiture* (*en avion, en train,* etc.), *partir en même temps que...* – Ces observations valent également pour *repartir.*

« passagère (une rue) »

Formulation à bannir absolument. Une rue où il passe beaucoup de gens est *une rue passante.* L'adjectif *passager* a un sens tout différent : *ce n'est qu'un malaise passager* (= qui passe en peu de temps).
Différence aussi entre les substantifs : un *passant* est quelqu'un qui passe sur la voie publique (généralement un piéton); un *passager* est un voyageur qui prend place à bord d'un bateau, d'un avion (par extension : d'un train, d'un autocar), pour se faire transporter. On ne peut dire en aucun cas « une rue passagère ».

« passer de 12 F à 8 F »

« Le prix des abricots est passé de 12 F à 8 F. » Le verbe *passer* ne convient pas. Il introduit une sorte de confusion dans l'esprit parce qu'il fait que l'on s'attend à une élévation, à une augmentation du nombre ou du prix. Le verbe *passer* est parfaitement approprié quand il y a progression : *le prix des abricots est passé de 8 F à 12 F le kilo; le nombre des électeurs du député Glandouille est passé de 15 000 à 35 000;* il est inapproprié lorsqu'il y a régression, diminution, baisse du nombre ou du prix. On ne saurait appuyer cette assertion sur des arguments fermement démontrés ni sur une règle précise; c'est plutôt une convention de langage qui a tacitement tranché. Si les nombres ou les prix sont décroissants, il est donc préférable de laisser de côté le verbe *passer* et d'écrire, par exemple : *le prix des abricots est tombé* (ou : *a reculé*, ou : *a été ramené*, ou : *s'est replié*, ou : *a baissé*, ou :

est revenu, ou : *a rétrogradé*, etc.) *de 12 F à 8 F*; ce qui, bien entendu, ne manquera pas de réjouir la ménagère. De même, pour le nombre des électeurs, il y aura lieu de remplacer *est passé* par : *a chuté*, ou : *est tombé*, ou : *a dégringolé*, ou : *s'est réduit*, etc.; mais, ici, ce sera au grand dam du candidat, naturellement. – Dans le cas de progression du nombre ou du prix, *passer* est excellent et prépare très bien à cette montée; toutefois, on dispose là aussi de formules équivalentes : *s'est élevé, a grimpé, a fait un bond,* etc.

passible de

« Nous attirons votre attention sur le fait que si vous possédez des serrures des marques X... posées avant 1983 vous êtes passibles d'être cambriolés par les systèmes dits " du parapluie " ou de la " clé de forçage ". » Le fabricant-vendeur-installateur de serrures de sécurité qui, dans son recto-verso publicitaire, faisait ressortir en caractère gras l'expression « passibles d'être cambriolés » voulait certainement vous faire comprendre que vous étiez... *coupable* de ne pas, jusqu'à présent, avoir fait appel à lui pour l'installation de portes blindées, de cornières antipinces, de verrous de blocage, etc. !
En effet, seul un coupable peut être *passible* de quelque chose (d'une peine, d'un emprisonnement, d'une amende...). Et c'est déjà très abusivement que l'on fait parfois de *passible* un synonyme d'*assujetti à* : « Vous êtes passible de l'impôt sur les S.A.R.L. »...
Ce que voulait dire le serrurier, c'est que, du fait qu'avec le temps les cambrioleurs sont parvenus à trouver le moyen de forcer certains modèles de serrures datant de plusieurs années, vous *risquiez* d'être volés, vous *étiez exposés* à l'être.

Le sens théologique ancien de *passible* – « qui peut souffrir, éprouver des sensations » – est de nos jours inusité.

« peau me gratte (la) »

S'il fallait prendre au pied de la lettre cette formulation naïve, les multiples petits doigts de la peau, en deçà de l'hypoderme, chatouilleraient notre corps!

En fait, la peau nous *démange,* et c'est ce verbe *démanger* que nous devons employer dans un texte soutenu. En revanche, il n'est pas pendable, dans le langage parlé, d'utiliser la formule contestée. Il en est de même si un auteur fait parler des « titis » ou autres personnages de milieux populaires...

« pécunier »

Ce mot n'existe pas; seul existe l'adjectif *pécuniaire*, au masculin comme au féminin. Il faut dire et écrire : *des ennuis pécuniaires* (et non « pécuniers »), *une peine pécuniaire* (et non « pécunière »; la prononciation étant ici la même, bien prendre garde à l'orthographe).

« pélérinage »

Non seulement certaines personnes le disent, mais nous l'avons découvert écrit ainsi jusque dans une dépêche de l'Agence France-Presse du 2 juillet 1985, dont fac-similé dans *le Canard enchaîné* du 10 du même mois, page 2. Il faut dire : *pèlerinage*, le premier *e* prenant non pas un accent aigu, comme on le voit très souvent écrit, mais un accent grave, et le deuxième *e* ne se prononçant pas, sauf en déclamation classique.

« pénitencier (ère) »

Le mot *pénitencier* n'existe que comme substantif : *l'ancien pénitencier de Guyane* (le bagne de Cayenne). L'adjectif est *pénitentiaire,* au masculin comme au féminin : *l'administration pénitentiaire* (et non « ... ière »), *les règlements pénitentiaires* (et non « ... ciers »).

PRISON ☆☆☆
113
114
115

péril en la demeure (il y a)

Beaucoup de gens, et des plus instruits, considèrent que cette expression signifie que le péril n'est plus seulement aux portes mais entre les quatre murs de la *demeure*, c'est-à-dire de la maison. Or, dans cette formule, le mot *demeure* (venu du latin *morari*, s'arrêter, *demorari*, séjourner; de la même famille que *moratoire*) est un nom abstrait, depuis longtemps sorti d'usage en ce sens, et signifiant « le fait de demeurer, de rester sur place ». *Il y a péril en la demeure* veut donc dire, à proprement parler : « *Il y a danger à demeurer en l'état, à rester sans rien faire.* »
Le plus souvent, l'usage mal compris de cette formule n'entraîne pas d'incohérence fâcheuse. Pourtant, dans certains cas, cette expression qui se voudrait élégante est grosse d'une lourde contradiction. Ainsi dans : « Nous pouvons encore changer de politique, puisqu'il n'y a pas péril en la demeure »; alors que, justement, on ne court aucun risque, aucun péril, à *demeurer* dans celle que l'on pratique. Même contresens inversement : « Il y a péril en la demeure, ce n'est donc pas le moment de se lancer dans une nouvelle politique »; erreur : le *péril en la demeure* (c'est-à-dire dans le *statu quo*) ordonne précisément de tout faire... à l'exception de ce qu'on faisait jusque-là !

périple

« Leur périple les conduisit de Paris à Lyon. » Le mot *périple* est tiré d'un mot grec, *periplous*, formé de deux éléments : *péri-*, qui signifie « autour », et *plein*, qui veut dire *naviguer*. Un périple est donc, à l'origine, un voyage maritime accompli autour d'une mer ou d'un continent. L'équivalent obtenu avec des éléments latins est *circumnavigation*. Le mot a connu plusieurs extensions de sens. Le voyage de Magellan autour du monde – ou plutôt celui de son équipage, puisque Magellan mourut avant de l'achever – a été qualifié de *périple*, et peut en effet y avoir droit, dès lors que les navigateurs ont bouclé le tour du monde. On a parlé aussi du « périple » d'Hannon, roi carthaginois qui longea et explora la côte africaine jusque bien au-delà des colonnes d'Hercule (le détroit de Gibraltar) à partir de 470 av. J.-C., bien qu'il n'ait évidemment pas fait le tour du continent noir; le terme est donc ici moins approprié, mais, toujours par extension, l'usage a fini par admettre que des voyageurs qui revenaient à leur point de départ après avoir parcouru en mer un long trajet avaient effectué un « périple ». De là, on en est venu à employer le mot pour un voyage sur terre. À chaque extension l'on s'éloigne un peu plus du sens étymologique. Il n'est pas rare qu'un journaliste appelle « périple » le Tour de France cycliste! – Nous ne condamnons pas les extensions de sens; encore faut-il savoir s'arrêter et ne pas faire dire à un mot son contraire, ou une chose qui en dénature par trop l'acception originelle. C'est pourquoi la phrase citée à l'entrée de cet article est absolument condamnable : un voyage en TGV de Paris à Lyon ne saurait en aucun cas être dénommé « périple ». Pour justifier l'emploi de ce mot, il faut pour le moins qu'il s'agisse d'un voyage en circuit qui ramène ceux qui le font à leur point de départ.

« permission de sortie »

« Le détenu n'a pas réintégré la prison au terme de sa permission de sortie. »
L'erreur commise ci-dessus est presque aussi fréquente que le fait divers décrit.

La seule expression licite, légale – c'est le cas de le dire! – est : *permission de sortir...*

> Dans les limites et conditions prévues par la loi, il [= le juge de l'application des peines] accorde les placements à l'extérieur, la semi-liberté, les réductions, fractionnements et suspensions de peine, les autorisations de sortie sous escorte, les permissions de sortir [...].
>
> *Code pénal* et *Code de procédure pénale.*

personnel

« Le premier personnel était en congé et le second tomba malade ce matin-là. »

La restauratrice propriétaire d'un petit établissement fort coté du littoral normand expliquait ensuite que son mari et elle-même durent par conséquent se mettre aux fourneaux et servir en salle... puisque le cuisinier et la serveuse se trouvèrent inhabituellement absents le même jour.

Comme le mot *personnel* ne désigne pas une individualité, mais l'ensemble des employés d'une entreprise, d'un organisme public, etc., on ne peut que condamner cette extension de sens abusive. Être la Madone de la tourte cauchoise, des mirlitons de Cherbourg ou du caneton au cidre ne doit pas empêcher de respecter le « bon sens » des mots!

« petit bout de la lorgnette (le) »

Dans l'esprit de la plupart des gens, « regarder par le petit bout de la lorgnette », c'est voir les choses tout à fait déformées parce que réduites à une dimension infime, rapetissées. Dans la réalité, c'est le contraire : qui veut voir les choses rapprochées, donc grossies, les regarde par le petit bout d'une lorgnette; c'est en les regardant par le gros bout qu'elles apparaissent diminuées, lointaines. Regarder, ou voir, par « le petit bout de la lorgnette », est donc une fausse expression si l'on veut dire *regarder (voir) les choses ramenées à une dimension mesquine, à une taille dérisoire.* Quelqu'un qui l'a bien compris, c'est Erik Emptaz, qui, sous la signature E. E., dans *le Canard enchaîné* du 25 septembre 1985, écrit : « *Si on regarde les*

choses par le bon côté de la lorgnette... « Voilà la solution : *le bon côté,* ou : *le mauvais côté* (ou : *le bon bout, le mauvais bout*) *de la lorgnette...* » Ainsi, pas de méprise!

« pistolet à barillet (un) »

Le barillet, nous ne l'apprendrons pas à nos lecteurs, est le magasin cylindrique et mobile du revolver, destiné à recevoir les cartouches, les balles. Le pistolet, automatique ou semi-automatique, est une arme où un magasin, un chargeur, se met en place dans la crosse généralement, ou, moins couramment, en avant du pontet.
Ne parlez donc pas de « pistolet à barillet » devant un spécialiste des armes à feu : il en sera interloqué, désarmé(!)... Si « revolver à barillet » est à proscrire comme pléonasme, « pistolet à barillet » est à bannir maintenant comme une expression anachronique!

La confusion peut s'expliquer ainsi : le *pistolet* (mot dérivé de *pistole* et apparu en 1546 selon Robert) a préexisté au *revolver* (mot venu de l'anglais vers 1845), qui en constitue un perfectionnement dû à l'adjonction du *barillet*; c'est d'ailleurs la présence du barillet tournant (en anglais, *to revolve* signifie « tourner sur soi-même ») qui a valu son nom définitif à l'arme qui en était munie. À l'origine, on a pu dire que le revolver était un « pistolet à barillet », mais cette formulation est aujourd'hui archaïque.

PLÉONASMES

Et aussi... redondances, répétitions inutiles, superfluités, battologie, périssologie, tautologie, etc. Il nous faut tout d'abord préciser que notre propos, ici, ne prétend pas établir de byzantines distinctions de sens entre des termes usités par les linguistes – et par les cuistres – tels que : *battologie, périssologie* et *tautologie*... Les différents, et excellents, dictionnaires de linguistique existants offrent d'ailleurs de subtiles nuances; ou bien encore l'un d'entre eux considère-t-il comme de quasi-synonymes deux noms qu'un autre dictionnaire démarquera de façon plus sensible...

Nous dirons que dans le langage contemporain usité par le grand public le mot ***pléonasme*** en est venu à désigner une faute qui consiste en la répétition oiseuse, inutile, de plusieurs termes exprimant une idée déjà contenue dans un seul mot, ou dans une seule phrase. Le mot *pléonasme* recouvre alors toutes les acceptions des autres termes de linguistique mentionnés ci-dessus.

En fait, le pléonasme est aussi un procédé littéraire, un effet de style – et non pas toujours une conséquence de la négligence et de la distraction. D'ailleurs, on a parfois considéré que le mot *pléonasme* désignait toujours une figure de style licite, alors qu'un « pléonasme vicieux, fautif » devait être appelé *périssologie.* Mais, répétons-le, de nos jours *pléonasme* n'est compris de la plupart des gens qu'au sens de « répétition inutile de mots ».

Le mot ***redondance,*** ressenti également comme désignant un défaut, présente un assez large éventail de définitions au sein des dictionnaires : « redondance, pléonasme vicieux ou périssologie, c'est tout la même chose », dit Fontanier, auteur d'un très intéressant dictionnaire des figures de style (voir ***Bibliographie***). Pour d'autres, la redondance est une répétition expressive licite, justifiée, de l'idée que l'on veut transmettre. Ce peut être le cas lorsque l'étrangeté de l'assertion formulée étonnerait à bon droit celui qui l'écoute ou qui la lit...
Lorsque la redondance est formulée dans les mêmes termes, c'est une ***homéologie***; en termes différents, c'est une ***macrologie.***
Cela dit, *redondance* doit être compris comme désignant une expression fautive; quand le mot peut être utilisé pour évoquer un tour stylistique admissible, voire recommandable, cela sera clairement expliqué.

La ***battologie,*** selon Littré, consiste en la « répétition oiseuse, fastidieuse, des mêmes pensées sous les mêmes termes dans deux propositions proches ».

Moins utilisé que les autres termes, *battologie* présente tout de même, aux yeux des lexicographes, plusieurs acceptions – la définition donnée par Littré reflétant toutefois le sens généralement accordé à ce mot (formé sur le nom de Battos, roi de Cyrène, qui était bègue). Ainsi, le Grand Larousse de la langue française dit qu'il s'agit de l' « accumulation fastidieuse et fautive de mots exprimant la même chose », et donne comme synonymes *pléonasme* et *tautologie.*
Battologie peut d'autant plus facilement être retenu comme un mot désignant toujours une répétition inutile qu'il existe en linguistique un terme s'appliquant à une répétition correcte – parce que justifiée – des mêmes mots : c'est l'***épanalepse.***

La ***périssologie*** est définie par Littré d'une manière qui n'est pas remise en cause de nos jours et qui doit être considérée comme suffisante : « Vice d'élocution qui est une espèce de pléonasme et qui consiste à ajouter à une pensée déjà suffisamment exprimée d'autres termes qui sont surabondants. »
Toutefois, des auteurs peuvent recourir à cet avatar – voir ce mot p. 52 – du pléonasme pour conférer à leur propos un effet comique indéniable, par exemple pour faire ressortir la bêtise, la naïveté, d'un personnage :

> Moi, je dis qu'il n'y aura jamais rien pour remplacer la vraie fourrure véritable.
>
> Michel Tremblay, *les Belles-Sœurs.*

Hors ces cas bien délimités, *périssologie* ne s'applique qu'à des *superfluités* (on dit aussi *superfétations*) à bannir.

Il semble difficile de définir la ***tautologie,*** étant donné que ce terme, en quelque sorte, s'applique à un... néant de l'idée. Si l'on reprend la définition donnée par Robert : « vice logique consistant à présenter comme ayant un sens une proposition dont le prédicat ne dit rien de plus que le thème », l'affaire apparaît abstruse. Nos lecteurs, pensons-nous, comprendront immédiatement de quoi il retourne quand nous leur aurons dit qu'il s'agit de l'expression d'évidences, de « lapalissades » du genre *les choses étant ce qu'elles sont; un chat est un chat!; on est comme on est!; « Je l'ai acheté... où ça s'achète, si tu veux tout savoir! »; « Lui c'est lui, moi c'est moi! »; « Ce qui est fait est fait! » « Napoléon, c'est Napoléon! Il n'y a pas à y revenir! »; « Ah! Virginie, c'était Virginie...! »; « Hier c'était hier, et aujourd'hui c'est aujourd'hui! »*; etc.
Lapalissades banales et creuses, ces tours pléonastiques fort répandus et usités sont-ils à condamner sans appel, comme le font certains linguistes? Après tout, ces expressions sont assurément logiques et comportent une indéniable force expressive : que de non-dit chargé de sens sous le vide apparent de l'expression, sous l'indigence d'une démonstration... informulée! Si, bien évidemment, il faut proscrire des ingénuités du style « Nous avons dû déplorer les absences fréquentes, à l'entraînement, de joueurs qui n'étaient pas là », il ne faut pas rejeter systématiquement des formules consacrées qui dispensent de longues et fastidieuses démonstrations connues de tous, ni condamner chez un auteur l'emploi très certainement volontaire de ces lapalissades dans

l'intention de caractériser la pauvreté de pensée d'un personnage.

En gros, les pléonasmes condamnables sont dus à une méconnaissance du vocabulaire, à une méconnaissance de l'étymologie (par exemple : « panacée universelle »; voir p. 162); on dit qu'il s'agit là de ***pléonasmes sémantiques.*** Ou bien ils résident dans une construction grammaticale utilisant inutilement des termes de même fonction qui font double emploi. Ces fautes de français sont appelées ***pléonasmes syntaxiques.***
Nous présentons ci-dessous une série de pléonasmes sémantiques, dans un premier temps, puis les différentes catégories de pléonasmes syntaxiques : avec des adverbes, avec des conjonctions, avec des pronoms personnels, avec *ne*, etc.

PLÉONASMES SÉMANTIQUES

« Panacée universelle » : voir p. 162.

« S'avérer vrai » : voir p. 52.

« Dépêcher en hâte » : voir p. 91.

« Étapes successives » : voir p. 110.

« Fausse perruque » : voir p. 118.

« Faux prétexte » : voir p. 121.

« Le gîte et le couvert » : voir p. 125.

« Monopole exclusif » : voir p. 151.

« Orthographe correcte » : voir p. 161.

« 13, 14, 15... heures de l'après-midi », « 18, 19, 20... heures du soir » : voir p. 246.

« Saupoudrer de sel » : voir ***EXTENSIONS ADMISES, p. 113.***

« Secousse sismique » : voir p. 224.

« Vieux... vétuste » : voir p. 243.

« Voire même » : voir p. 249.

« Prévoir à l'avance » : c'est le type même du pléonasme sémantique ! Il est bien évident qu'on ne saurait prévoir... après coup, même si cela est effectivement plus facile pour de soi-disant « devins »... L'étymologie de *prévoir* marque déjà suffisamment l'idée d'antériorité par le préfixe *pré,* comme nous le signalions dans nos *Pièges du langage* (tome 1).

Cette faute très courante tient au fait que celui qui s'exprime veut donner à entendre que l'action ou l'opération prophétisée ou préparée a été prévue de longue date, et non point au dernier moment. Il en est ici comme pour d'autres bouffissures du langage : parce qu'on pense que certains termes ont vu leur sens s'atténuer, s'affaiblir, on a recours à des superfluités destinées à renforcer l'expression. Et l'on aboutit à un pléonasme bien naïf, que les écrivains et journalistes de quelque métier « tournent » en ajoutant un terme comme *très* ou *bien,* par exemple :
« *L'attaque menée cette nuit par la marine de [...] avait été prévue très à l'avance par nos services spéciaux, qui avaient alerté en vain le ministère de la Défense.* » (L'astuce est cousue de fil blanc, certes, mais permet d'échapper à la critique...)
De très bons auteurs ont commis ce pléonasme, qui est devenu une véritable « scie » du langage contemporain.

Ce qui est dit pour le verbe *prévoir* vaut pour *préparer, prévenir, pressentir* et *prédire,* tous verbes qu'il ne convient pas d'utiliser avec *à l'avance* et *d'avance* (sauf recours au « truc » ci-dessus mentionné).

« Construire une maison neuve » : généralement, on bâtit, on fait construire une « maison neuve » ! Il est rarissime d'ériger une maison à partir d'éléments de construction ayant déjà servi, et récupérés, ce qui justifierait tout au plus de parler de « maison nouvelle ». Une telle maison ne pouvant alors être considérée comme « neuve », *a contrario* cela légitimerait la formule « maison neuve » pour les autres... Argutie que tout cela ! Il faut absolument proscrire l'emploi de cette expression burlesque.

N. B. – C'est seulement en décor de cinéma et de théâtre qu'il peut être édifié de vieilles maisons.

« Le moindre petit (défaut, détail, bruit, etc.) » : pléonasme ô combien courant... mais néanmoins condamnable ! *Moindre* étant un superlatif de *petit* (équivalent donc à *plus petit*), il y a incontestablement une inutile redondance. On optera alors pour une formule inattaquable, telle que *le moindre* (morceau, défaut, etc.) ou *le plus petit* (détail, accroc, etc.).

« Notre société contemporaine » : l'adjectif personnel indique que celui qui parle ou qui écrit fait référence à son époque, à son monde. L'acception de *contemporain* – « qui appartient à l'époque actuelle ou à celle dont on parle » – montre bien qu'ajouter ce mot est parfaitement superflu. Il suffit de dire : *dans le monde contemporain* ou *dans notre société...*

« Opposer son veto » : littéralement, le mot latin *veto* signifie « *je m'oppose* », c'est dire si l'expression que nous contestons est pléonastique ! Il est en conséquence recommandé de dire et écrire : *mettre son veto* ou bien : *opposer son droit de veto.*
Notez qu'il n'y a pas eu francisation du mot *veto,* puisque ce dernier s'écrit toujours sans accent aigu sur l'*e.*

« Exterminer jusqu'au dernier » : c'est évidemment l'un des plus indéniables pléonasmes que l'on puisse proférer ! En effet, *exterminer,* c'est anéantir, massacrer un groupe humain (ou animal) jusqu'au dernier individu. *Les Guanches des îles Canaries passent pour avoir été exterminés; en tout cas, ils ont disparu.* Disparu... jusqu'au dernier.

« Nager dans l'eau » : il est plus que rare de nager dans un autre liquide; seuls quelques milliardaires peuvent faire remplir de champagne leurs somptueuses piscines ! Le commun des mortels se baigne, nage, barbote dans de l'H_2O, et ce « nager dans l'eau » est du même... tonneau que le sempiternel « marche à pied »... Le verbe *nager* se suffit donc à lui-même, mais il n'est pas du tout interdit de préciser : *nager en étang, nager dans l'eau vive* (ou *nager dans une eau polluée!*) *nager dans la rivière,* etc., ou encore *nager dans le bonheur!*

« Marche à pied » : pléonasme familier, tellement usuel que l'on se demande si l'on ne doit pas baisser les bras et entériner la faute! Eh bien, non! Qu'on ne compte pas sur nous pour ratifier cette formule risible, cette lapalissade! Il convient de dire, par exemple : *Je pratique quotidiennement la marche et le tir à l'arc.*
De même faut-il proscrire « marcher à pied », au bénéfice de *marcher.* D'ailleurs, un certain Rouget de Lisle s'est bien gardé d'écrire : « Marchons à pied! Marchons à pied! Qu'un sang impur [...]! »

« Don inné » : le talent ou le don, voire les dons, qu'une personne possède dès sa naissance sont des facilités innées (cf. Grand Larousse de la langue française : *Don :* « aptitude innée d'une personne à faire quelque chose »). Par conséquent, il faut employer *don* sans l'affubler de l'adjectif parasite : *Cet enfant a reçu bien des dons en partage.*

« Voler dans l'air » : même réprobation que pour « nager dans l'eau ». Pléonasme naïf : dans quoi d'autre pourraient bien voler ce moineau ou cet hélicoptère ? Expression à bannir de notre langage.

« Se faire hara-kiri » : le pronom personnel réfléchi est superflu, le *hara-kiri* étant un mode de suicide. Il faut dire : *faire* (et non « se faire ») *hara-kiri.* Toutefois, le pléonasme s'explique du fait qu'en français on dit : *se suicider*, verbe doublement pronominal puisque *se* ne fait que répéter le *sui* latin, qui signifie *soi, se.*

« Se réunir (se grouper, se regrouper, etc.) ensemble » : pléonasme ingénu... Avec tous les verbes dont l'acception comporte la notion de réunion, de rassemblement, il est évidemment superfétatoire d'adjoindre l'adverbe *ensemble.* C'est, entre autres, le cas pour *collaborer*, *comparer...*

« Une congère de neige » : le mot *congère*, désignant un amas de neige entassée par le vent, n'est jamais utilisé pour parler d'un tas, d'un amas d'autres choses. On ne dit pas « congère de cailloux », « congère de sable », ou encore « congère de ferrailles »... C'est donc un « parfait » pléonasme sémantique, à proscrire absolument. *Les congères qui s'étaient formées coupaient du reste du canton le petit village de X...*

« Geler de froid » : naïveté de langage très courante, cette expression constitue un pléonasme à rejeter. De quoi d'autre pourrait-on bien geler ! Dans des acceptions argotiques usitées par comparaison, le *gel* d'une personne peut certes être dû à autre chose que le froid, mais cela est une autre histoire et ne justifie pas pour autant l'emploi du pléonasme au sens propre.

« S'entraider mutuellement » (nous avons même relevé le double pléonasme « s'entraider mutuellement les uns les autres ») : formule grotesquement redondante qui ne peut être acceptée que dans une intention explicitement comique... Explicitement, disons-nous, car l'intention comique ne sera perçue que comme une faute grossière si l'intonation – écrite ou orale – n'est pas suffisamment appuyée.

« Reculer en arrière » : il n'est pas besoin de souligner pourquoi cette formule est risible, et pourquoi c'est un pléonasme à bannir.

« Une dune de sable » : cas analogue à « congère de neige ». *Dune* désigne un monticule sablonneux, et l'on ne dit pas, par exemple : « une dune de cailloux », « une dune de blé » ou « une dune de neige ». Naïveté à proscrire...

« Un hasard imprévu » : heureux ou malheureux, un *hasard* est un événement imprévu. Ne pas utiliser ce tour pléonastique ! Dire et écrire : *Un hasard dont je me félicite encore m'a permis de faire la connaissance de cette pianiste.*

« L'hémorragie de sang » : dans *hémorragie,* il y a le grec *haima,* sang. La précision que l'on croit devoir apporter est donc complètement inutile. Expression à chasser ! En revanche, quand le mot est employé au figuré, on peut très bien user d'un déterminatif : *Cette hémorragie de devises a beaucoup affaibli nos finances.*

« Un fait concret » : un *fait* étant une action, un événement, etc., on peut bien dire que c'est en soi une chose tangible, concrète... Ajouter l'adjectif ne renforce donc pas l'expression et se révèle pléonastique.

« Préférer volontiers » : certes, on peut être amené à croire que l'adverbe nuance le verbe, à la façon d'autres formules telles que *préférer nettement.* Il n'en est rien, car *volontiers* ne fait, lui, qu'entériner le sens du verbe *préférer,* et le syntagme verbal correspond à une tournure pléonastique : « préférer de bon gré ». À éviter !

« Faire une chute verticale » : dans notre atmosphère, les êtres et les objets pesants effectuent une chute qui suit le tracé du fil à plomb ! « Chute verticale » est donc une lapalissade, un pléonasme. Mais il ne nous échappe pas que des choses extrêmement légères – une plume, par exemple – prendront quelque distance avec le fil à plomb lors de leur descente zigzagante...

« L'apparence extérieure » : *apparence* désigne toujours le « contenant » visible, et non le « contenu », que ce soit pour un être vivant ou pour un objet. Pléonasme à proscrire.

« Votre réaction personnelle » : cas analogue à celui de « notre société contemporaine ». Ici, l'adjectif personnel fait double emploi avec l'adjectif qualificatif... *personnelle*! Cela rejoint les sempiternels tics de langage que sont les formules : « Moi, personnellement, je... » (double pléonasme!), « Personnellement, je... », etc. (Voir aussi, plus loin, dans les **PLÉONASMES SYNTAXIQUES** et dans les **PLÉONASMES STYLISTIQUES.**)

Mais attention! Ce pléonasme d'insistance peut s'admettre dans la bouche d'un journaliste voulant bien faire comprendre à la personne qu'il interroge que c'est son opinion propre qu'il souhaiterait obtenir : « Cela, c'était la position officielle de votre mouvement. Mais vous, personnellement, quelle est votre opinion? » Le pléonasme est d'autant plus tentant à commettre que généralement l'homme politique ainsi interviewé n'a pas du tout l'intention de se « mouiller » et de fournir son sentiment intime, s'il en a un!

C'est aussi une commodité de langage pour l'orateur, à qui cet artifice permet de rassembler ses idées.

« Être contraint malgré soi » : si l'on est contraint de faire quelque chose, c'est qu'on le fait à son corps défendant, sûrement pas de bon gré! Lapalissade à ne pas commettre...

PLÉONASMES SYNTAXIQUES

Ainsi que nous l'avons dit, on appelle « *pléonasmes syntaxiques* » des constructions où un terme grammatical fait double emploi avec un mot de fonction identique. Voici quelques exemples de ces fautes :

Formules de concession : « quoique, toutefois », « mais toutefois », « mais cependant », « mais pourtant », etc. Redondance inutile! Si l'on veut nuancer la réserve exprimée, il suffit d'employer l'un de ces mots : *Votre maison est bien située, mais vos voisins sont trop près! Le protocole signé entre les syndicats et la direction semble convenir à tout le monde; toutefois, les employés et cadres administratifs marquent quelque réserve...*

Formules négatives avec adverbe formant pléonasme : « Il n'a besoin seulement que de 800 m² pour installer sa luxueuse piscine »; « Ce n'est uniquement que par son travail qu'elle réussira »; etc. Il est bien suffisant de dire et d'écrire : *Il n'a besoin que de 800 m² pour* [...] et : *C'est uniquement par son travail qu'elle réussira.*
Ne... que et les adverbes *seulement* et *uniquement* ont la même valeur, et font, si on les réunit, un inutile doublon.

« Car en effet » : tour pléonastique formé par la conjonction *car* et la locution adverbiale *en effet* (= *effectivement*), qui a en quelque sorte dans ce cas une fonction conjonctive introduisant une explication : « J'ai deux passeports, car en effet j'ai la double nationalité franco-britannique ». Cette formule redondante doit laisser la place à des constructions allégées, qui en disent tout autant : *J'ai deux passeports, car j'ai la double nationalité* [...], ou : *J'ai deux passeports. En effet, j'ai la double nationalité* [...].

« Donc, par conséquent » : l'un dispense de l'autre; ne pas les associer!

« Puis ensuite » : nul besoin de recourir aux deux termes, dont l'attelage alourdit la phrase sans intérêt ni raison : « Je présenterai deux desserts : une tarte aux myrtilles, puis ensuite un sorbet aux marrons »... Eh bien, non! L'emploi d'un des deux mots suffit : [...] *une tarte aux myrtilles, puis un sorbet aux marrons*, ou bien : *d'abord, une tarte aux myrtilles; ensuite, un sorbet aux marrons.*

Adverbes restrictifs superfétatoires ajoutés à des verbes impliquant eux-mêmes une idée de restriction : « Nous nous en tiendrons seulement à des généralités », « Mes petites-filles se contentent seulement, à 4 heures, de pain beurré et de lait ». Supprimez l'adverbe parasite, et ces phrases seront inattaquables!

Association pléonastique du contrefort de négation *pas* avec *aucun(e)* et avec *rien*. C'est là, de plus, un attelage qui introduit l'ambiguïté de sens. En témoigne cet exemple pris chez Molière *(le Bourgeois gentilhomme)* : « Ne faites pas semblant de rien », qui de nos jours est compris à contresens, alors que, dans la phrase citée, *rien* signifie *quelque chose, quoi que ce soit*, comme dans : *Ne* *voyez-vous rien ?*, ou dans le substantif *un petit rien*. Dans *les Femmes savantes*, au contraire, Philaminte et Bélise reprennent leur servante Martine pour avoir dit : « ne servent pas de rien » :

> « *Et c'est, comme on t'a dit, trop d'une négative* »
> (acte II, scène VI).

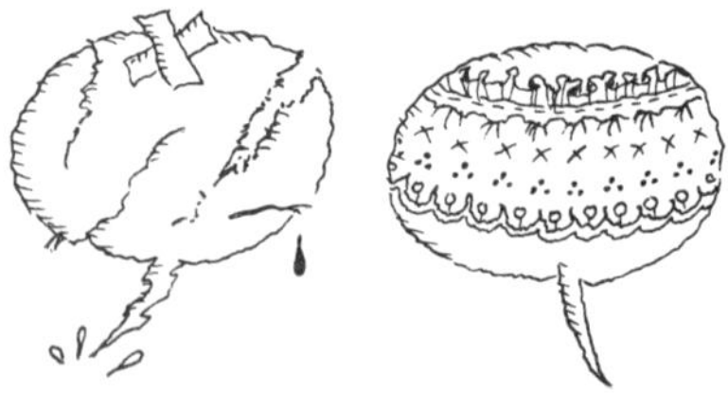

Au lieu d'écrire : « Les choux-fleurs bretons n'ont en effet pas d'équivalent dans aucune autre région de France », il convient de supprimer le *pas* intempestif, sans autre modification dans la phrase, puisque *aucune* contient déjà l'idée négative à exprimer.

« Et même jusque... » : « Ce vieillard pitoyable a commis autrefois, sous l'uniforme, bien des crimes, et même jusqu'aux plus horribles ». Les deux adverbes ont, en l'occurrence, un sens identique de renchérissement – et leur association forme un pléonasme. Il suffit de dire : « [...], *et même les plus horribles* », ou : « [...], *jusqu'aux plus horribles* » (= y compris les...).

***Constructions pléonastiques avec* en *et avec* y :** « Ces querelles, dont on pourrait s'en passer », « C'est dans ce château que Jean IV de Bretagne y reçut... », « De tous ces exemples, on peut facilement en déduire... », « De ces études, il en résulte... », etc. Formules condamnables, parce que *y* et *en* (le premier, ici, adverbe de lieu; le second, pronom adverbial représentatif) font, dans ces phrases, double emploi avec le nom qu'ils sont censés représenter. Il est aisé de rendre le texte irréprochable en supprimant le mot superflu : *Ces querelles, dont on pourrait se passer..., C'est dans ce château que Jean IV de Bretagne reçut..., De tous ces exemples, on peut facilement déduire..., De ces études, il résulte...*

Pléonasme par reprise du sujet au moyen d'un pronom personnel (tour fort usuel dans le langage parlé populaire) : « Le Pierre, il est au marché ! », « Sa voiture, elle lui est très utile en semaine »... La grande fréquence d'emploi de cette tournure ne saurait pour autant la cautionner et la rendre licite : c'est bel et bien une redondance inutile et le plus souvent condamnable (hors la volonté de « faire populiste »). Toutefois, il peut s'agir en certains cas d'une décision d'auteur utilisant le pléonasme comme figure de style : « Sa voiture, elle... » ayant le sens de : *« Quant à sa voiture, elle... »*; de même : « Le Pierre, il... » signifiant : *« Quant au Pierre, il... »*. On peut aussi l'entendre différemment : *« Le Pierre? Il est au marché! », « Sa voiture... hum! elle lui est très utile en semaine... »* Mais, s'il n'y a pas d'intention de ce genre, la correction stylistique consiste à éliminer l'inutile pronom reprenant le sujet.

REMARQUE : le tour avec anticipation du sujet *(Elle était ravie, la jeune Suzanne, d'aller à Cabourg!)* n'est pas ressenti comme fautif, puisque l'incise apporte logiquement une précision sur le sujet. Si l'on disloque cette phrase, en créant une reprise du sujet par le pronom personnel, on retrouve le pléonasme populaire : « La jeune Suzanne, elle était ravie d'aller à Cabourg ! ».
Nous revenons sur ce cas dans nos commentaires de fin d'article, à propos des pléonasmes admissibles : les « pléonasmes stylistiques » ou « pléonasmes d'insistance », destinés à mettre en relief un élément de phrase.

Certains pléonasmes sont en même temps des clichés; voir à ce sujet **CLICHÉS**, etc., p. 66; voir aussi **« faux prétexte (un) »**, p. 121.
Quelques pléonasmes ont été intégrés au vocabulaire par un usage irrésistible; exemples : *en son lieu et place; notre seul(e) et unique* (souci, préoccupation, etc.); ils font partie des pléonasmes de renforcement.

PLÉONASMES STYLISTIQUES

Les pléonasmes dits d'insistance, ou stylistiques, consistent souvent dans ce que plusieurs linguistes nomment la *dislocation par anticipation* et la *dislocation par reprise.* La dislocation est une construction expressive obtenue par la mise en relief de certains mots découlant de la modification de l'ordre « normal » des éléments au sein de la

phrase. Ainsi, des éléments sont mis en apposition, ou placés en tête de phrase. On dit qu'il y a *dislocation par anticipation* lorsque le mot principal est anticipé par un pronom : *Il est stupide, ce ministre!*; et *dislocation par reprise* quand le terme énoncé est repris par un pronom : *Ce ministre, il est stupide!*

Ainsi rencontre-t-on : « Moi, je vais *leur* parler, à *vos parents!* »; « *Je* l'adore, *moi,* mon futur gendre » (P. Bourget); « *Il* est sévère, notre *chef d'équipe* »; « *Ce bouquet, il est pour toi* »; « *Odette, elle* fouinait partout... » (on supprime le pléonasme, mais on modifie sensiblement le sens, en écrivant : « Odette, elle, fouinait partout... », où la phrase ne peut se comprendre que si l'on compare l'activité fureteuse de ladite Odette au comportement d'une ou d'autres personnes).

La démarcation entre pléonasme syntaxique (fautif) et pléonasme stylistique (admis) est des plus minces dans les tournures précédentes, et l'on n'échappera aux critiques que si le pléonasme est bien ressenti comme une production du parler populaire volontairement placée là par l'auteur, ou si l'effet d'insistance est utilisé à bon escient.

La seconde catégorie de pléonasmes stylistiques ne fait pas appel à la dislocation, mais le plus souvent à la répétition des mêmes mots, ainsi que le fait Molière dans son *Tartuffe,* V, III.

> Je l'ai vu, dis-je, vu, de mes propres yeux vu.
> Ce qu'on appelle vu;

ou à la répétition de mots de la même famille; ou bien encore à l'emploi fort rapproché de syntagmes exprimant la même idée... Par exemple :

> Jeune et vaillant héros, dont la haute sagesse
> N'est point le fruit tardif d'une lente vieillesse,
> Et qui seul, sans ministre, à l'exemple des dieux,
> Soutiens tout par toi-même, et *vois* tout par tes *yeux,*
> Grand roi [...].
>
> Boileau, *Discours au roi.*

Il n'y a pas pléonasme ici, car l'auteur veut faire entendre qu'un monarque digne de ce nom ne doit pas s'en rapporter aux yeux trompeurs – volontairement ou non – de son entourage, mais tout voir par lui-même.

Fontanier (*les Figures du discours,* rééd. Flammarion, coll. « Champs », 1968) justifie une redondance de Corneille dans *Nicomède,* en contredisant l'avis critique de Voltaire. Et l'exemple est tout à fait excellent pour montrer à nos lecteurs combien il suffit d'un pas pour aller de la lapalissade au pléonasme dit stylistique :

> Et quand il forcera la Nature à se taire,
> Trois sceptres à son trône attachés par mon bras
> *Parleront* au lieu d'elle, et *ne se tairont pas...*

Selon Voltaire, il s'agit là d'une niaiserie :

> Puisque les sceptres parleront, il est clair qu'ils ne se tairont pas. Ces sortes de pléonasmes sont des plus vicieux, ils retombent quelquefois dans le style niais : « *Hélas! s'il n'était pas mort, il serait encore en vie* ».

Fontanier, lui, trouve que Voltaire « envoie un peu loin le bouchon » (... il aurait certainement employé cette expression si elle avait existé à son époque!) :

> N'y a-t-il pas dans cette censure de Voltaire un peu de mauvaise plaisanterie, et même un peu d'injustice? Sans doute que, dans *Les sceptres ne se tairont pas,* se retrouve l'idée déjà exprimée par ces mots, *Les sceptres parleront.* Mais ne s'y trouve-t-il pas beaucoup plus que cette idée? Et quoi donc? Non seulement que ces sceptres parleront, mais qu'ils parleront toujours, sans cesse, et que rien ne pourra étouffer leur voix éloquente. D'ailleurs, quelle n'est pas la force de ce *Ne se tairont pas* opposé au silence de la Nature réduite à se taire! Si Voltaire, au lieu d'isoler le troisième vers du premier, l'en eût rapproché comme il le devait naturellement, il n'y eût point vu, assurément, un pléonasme vicieux, ni une sorte de niaiserie.

Et l'on peut penser que Voltaire aurait reproché à Hugo ses « *onde humide* » et « *ombre obscure* », formules que le grand poète savait bien pléonastiques mais qu'il jugeait saisissantes et propres à contribuer à l'énergie de l'expression...

Or, tout le monde n'a pas le génie de Hugo... Il convient de bien réfléchir avant d'employer une tournure pléonastique où l'on voit un effet de style, car les autres ne pourraient bien y voir, eux, qu'une naïveté de langage – et sûrement auraient-ils le plus souvent raison!

« plus... que ce que ». Voir p. 150.

« le plus... le plus... »

« Le plus vite ce sera fait, le plus tôt vous l'aurez. » On doit dire simplement : *plus vite ce sera fait,* et non « le plus vite ce sera fait »; *plus tôt vous l'aurez,* et non « le plus tôt vous l'aurez ». Ajouter l'article *le* devant chaque membre de phrase est une contamination de l'anglais, où, dans la locution correspondante, l'article *the* est répété. La faute a été relevée le 16 septembre 1986 sur un poste périphérique.

plus tôt / plutôt

« Elle a commencé sa journée plutôt que moi. » Voilà une faute *plutôt* belle, n'est-ce pas? Nous sommes tranquilles : elle a fait sursauter le lecteur dès que son œil se fut posé dessus. N'importe : nous nous devons de l'expliquer. Une homonymie traîtresse est à l'origine, liée à une évidente communauté étymologique. À titre de curiosité, recopions fidèlement la très simple et très juste définition donnée par le *Nouveau* (!) *vocabulaire français* d'Alfred de Wailly (1800-1866), un des lexicographes issus de cette féconde famille, en la dix-neuvième édition de cet ouvrage datée de 1834 (la première, due à Noël-François, l'ancêtre, avait paru vers la fin de l'an IX, soit en 1801) :

> PLUTÔT, adv. de préférence : *je mourrais plutôt que de céder. – Plus tôt,* dans le sens de *plus vite,* s'écrit en deux mots : *j'arriverai plus tôt que lui.*

Est-il nécessaire de s'étendre longuement sur l'écart sémantique qui sépare les deux expressions? Sûrement pas. Mais, avant de choisir l'une ou l'autre, réfléchissons bien, afin d'écrire sans faute :

Plus tôt, en deux mots, est le contraire de *plus tard : Le peloton est arrivé six minutes plus tôt que le premier des coureurs qui suivaient.*

Plutôt, en un seul mot, indique une préférence, une prédilection, une préséance, un choix plus équitable ou plus approprié : *N'allez pas à la fête, venez plutôt me voir. Pourquoi lisez-vous Courteline et Cami plutôt que les œuvres de Mgr Dupanloup?*

De même, il faut écrire : *Il n'eut pas plus tôt paru sur la scène que toute la salle éclata en applaudissements.* Pourtant, dans cet emploi particulier, certains écrivains contemporains ont parfois choisi « plutôt » en un seul mot, peut-être pour donner à leur style un petit fumet archaïque rappelant le temps où cette différence orthographique restait flottante.

Dans les rééditions d'ouvrages anciens, on respecte généralement la graphie d'époque. Au lecteur, donc, de ne pas se laisser influencer!

PONCTUATION

De nombreuses personnes s'étonnent ou esquissent un sourire narquois lorsqu'on leur dit qu'une ponctuation négligente, excessive ou omise entraîne des fautes de syntaxe, la modification non négligeable du sens du propos, et, pis, des quiproquos et contresens... Et pourtant, cela est vrai – et nous allons le démontrer à l'aide de quelques exemples.

Si l'on écrit que *l'aviatrice américaine Amelia Earhardt n'est pas morte comme on l'a dit,* sans virgule cela signifie que l'on met en doute les circonstances de la mort. C'est d'ailleurs effectivement le cas en l'occurrence, puisque certains historiens ne croient pas à un accident survenu à l'aviatrice, mais plutôt à l'action d'aviateurs d'une puissance étrangère chargés par leur gouvernement d'abattre une « espionne » [?]. Dans cette acception, le groupe *comme on l'a dit* ne peut être placé en tête de phrase.
En introduisant une virgule après *morte (L'aviatrice américaine Amelia Earhardt n'est pas morte, comme on l'a dit),* le sens de la phrase est : « Contrairement à ce qui a été dit, l'aviatrice [...] n'est pas morte »! Autrement dit, il s'agit là d'un démenti catégorique : l'aviatrice est toujours vivante! Et d'ailleurs le sens complet de la phrase n'est pas modifié si l'on donne à *comme on l'a dit* le sens de « comme nous l'avons déjà dit ». Dans ce dernier cas, cette fin de phrase peut être antéposée : *Comme on l'a dit, l'aviatrice* [...] *n'est pas morte...*

On reconnaîtra donc que l'apparition d'une simple virgule change du tout au tout la signification du texte : sans ponctuation, la personne n'est plus de ce monde; avec une virgule, et quelle que soit la nuance, le sens profond est que la personne est vivante!

« Nous observons les nids du bosquet voisin » ne peut exprimer correctement la pensée de l'auteur qui voudrait dire que, caché dans un bosquet proche, il observe avec son frère les nids des arbres voisins. Il faut alors mettre une virgule, et écrire : *Nous observons les nids, du bosquet voisin,* ou, mieux, en déplaçant le complément de lieu : *Du bosquet voisin, nous observons les nids.*

Nombre de personnes ne savent pas faire la différence entre une subordonnée relative explicative et une subordonnée relative déterminative, ce qui est source de bien des contresens...

« Les chauves-souris qui sont des mammifères hivernent dans des grottes » : nous sommes en présence d'une relative déterminative, puisqu'il n'y a pas de virgule. Écrite ainsi, la phrase a pour unique sens « logique » (!) : « Parmi les chauves-souris, celles qui sont des mammifères hivernent dans des grottes ». Signification évidemment stupide et insensée, puisque naturellement toutes les chauves-souris de la planète sont des mammifères. Il faut donc une relative explicative – qui constitue une incise mise entre virgules ou entre tirets : *Les chauves-souris, qui sont des mammifères, hivernent dans des grottes.*

« Les personnes âgées, qui pratiquent de nombreux sports, restent toujours jeunes » : défaut inverse! On a ici une relative explicative au lieu d'une relative déterminative. Le propre d'une incise étant de pouvoir être retranchée d'une phrase sans que le sens général de celle-ci soit modifié, nous obtiendrions alors la surprenante affirmation suivante : « Les personnes âgées sont toujours jeunes »! Vision hélas! embellie – ou prématurée ? – de l'espèce humaine.... En réalité, le sens peut être seulement : « celles des personnes âgées qui pratiquent de nombreux sports restent toujours jeunes » – du moins vieillissent-elles plus lentement que celles qui sont sédentaires, et restent-elles plus jeunes de caractère.

Il convient donc de retenir qu'une relative déterminative permet de distinguer un groupe d'êtres animés ou de choses parmi un ensemble plus large, alors que la relative explicative apporte un renseignement qui s'applique à l'ensemble désigné par l'antécédent.

« Mon frère Yves monte une maquette de bateau au grenier » : amphibologie! Ce frère est-il en train de transporter du salon au grenier une maquette montée ou à monter, ou bien, tranquillement installé au grenier, est-il en plein assemblage des pièces de la maquette? Amphibologie due aux différents sens du verbe *monter*... Une virgule après *bateau* suffirait à faire pencher pour la seconde acception et équivaudrait à : *Au grenier, mon frère Yves monte une maquette...*, et le sens serait le même en créant une incise comme suit : *Mon frère Yves, au grenier, monte une maquette de bateau* (... à moins de s'exprimer comme le Bourgeois gentilhomme, bien sûr : « D'amour, belle marquise, vos beaux yeux... », etc.).

« L'alcool, fort apprécié, de M. Alphonse Danlanui enrichit les bistrots de la région. » M. Danlanui a donc inventé un nouveau « drink », un nouveau cocktail, un nouveau spiritueux qui est très apprécié par la clientèle des bars et cafés de la région et fait la fortune des propriétaires de ces établissements. Déplaçons une des deux virgules, et nous obtenons une phrase au sens tout autre : *L'alcool, fort apprécié de M. Alphonse Danlanui, enrichit les bistrots de la région.* La phrase ainsi ponctuée peut apporter à celui qui la lit soit une soit deux informations :
1. M. Alphonse Danlanui ne « crache pas » sur les boissons musclées, et à lui seul assure la prospérité des bars de la région;
2. *a*) M. Danlanui, signalons-le au passage, est connu pour goûter avec délices aux boissons alcoolisées; *b*) L'alcool, plus que les eaux minérales et les jus de fruits, assure les fins de mois des tenanciers de bars et de cafés. (Peut-être un climat particulièrement hostile justifie-t-il les préférences des consommateurs?!)

« Le dangereux repris de justice a été arrêté au volant d'une camionnette volée par la brigade de gendarmerie de Z... » : voilà les lecteurs fondés à penser, d'après le texte de l'article dû à un journaliste peu sourcilleux sur la ponctuation, que les gendarmes de Z... traficotent un peu! La mise en incise eût détruit l'équivoque : *Le dangereux repris de justice a été arrêté, au volant d'une*

camionnette volée, par les gendarmes de Z... Sinon, on peut modifier la phrase : *Le dangereux repris de justice a été arrêté par les gendarmes de Z... alors qu'il conduisait une voiture volée...*
REMARQUE : le genre de faute signalée dans cet alinéa est un *janotisme* (ou *jeannotisme*). – Voir : **JANOTISME,** p. 141, où l'on trouvera un exemple similaire.

« J'essaie de comprendre, ce qui, je l'espère, arrivera un jour ou l'autre. » Cet extrait de *Maigret et l'Homme tout seul,* de Simenon, n'est pas flatteur pour celui qui parle, c'est-à-dire le fameux commissaire! Inadvertance de l'auteur ou de l'éditeur? En tout cas, le sens est clair : « J'espère qu'un jour j'arriverai à comprendre », dit Maigret.
En réalité, le texte est déformé par la virgule intempestive (d'auteur ou de typographe trompé par la polysémie du verbe *comprendre*?) placée derrière *comprendre.* Maigret veut dire qu'il essaie d'anticiper les événements qui ne manqueront pas d'intervenir dans cette affaire. La ponctuation logique doit donc être : *J'essaie de comprendre ce qui, je l'espère, arrivera* [...].

L. Léonard a trouvé dans Mauriac un bel exemple, où une virgule modifie sensiblement le sens du propos : « C'était son image idéale, reflétée dans l'humble regard de cet enfant fou, qui lui apparaissait au fond du miroir. » Pas de problème de compréhension : c'est *son image* qui apparaît au fond du miroir. Ôtez la virgule après *fou,* et c'est *enfant* qui devient l'antécédent et surgit du miroir! (« [...] de cet enfant fou qui lui apparaissait au fond du miroir »).

Voici un cas où un vulgaire point-virgule, à la place d'une virgule, chamboule complètement le sens d'une phrase, relevée dans un quotidien parisien daté 4-5 mai 1986; il s'agit peut-être d'une simple faute d'imprimerie. L'auteur parle de l'empereur du Japon : « Qui est cet homme dont le quotidien communiste *Akahata* écrivait en 1982 qu'il apposa en connaissance de cause son sceau sur le décret créant l'unité 731 stationnée à Harbin, en Chine; qui, pour ses recherches sur la guerre biologique, se livra à des expériences sur des centaines de prisonniers? »
Le point-virgule mis après « *Chine* » clôt la phrase qui le précède, et le *qui* venant juste derrière ce point-virgule se

rapporte à *homme*; on a par conséquent : « Qui est cet homme dont... [... et] qui, pour ses recherches... » C'est donc l'empereur du Japon lui-même qui « se livra à des expériences », etc. Remplacez le point-virgule par une virgule : « ... créant l'unité 731 stationnée à Harbin, en Chine, qui, pour ses recherches sur la guerre biologique », etc., et le sens est totalement changé : ce n'est plus l'empereur qui martyrise des captifs dans l'intérêt d'une recherche criminelle, mais les abominables techniciens de l'unité 731 dont il a autorisé la création en promulguant un décret. Le résultat est le même, certes, pour les infortunés qui furent victimes de ces pratiques; il n'en importe pas moins de savoir si le journal communiste *Akahata* accusait le souverain d'avoir trempé son « calame » dans l'encre... ou ses mains dans le sang.

Nous pourrions multiplier à l'infini les exemples démontrant le rôle logique de la ponctuation, dont un emploi désinvolte peut provoquer des malentendus, des contresens absolus, voire – en politique – des catastrophes ou... des guerres. Il y a quelques années, un secrétaire d'État américain perdit son portefeuille à cause d'une virgule mal placée qui avait profondément modifié une déclaration gouvernementale...
Au-delà de son rôle logique, la ponctuation offre à celui qui l'utilise à bon escient et avec finesse une grande palette de nuances de l'expression, permettant de moduler les effets stylistiques.

« port d'arme prohibé »

C'est une erreur fréquente que cet accord de l'adjectif *prohibé* avec le mot *port*... En fait, le délit ainsi dénommé consiste à porter sur soi ou à avoir à portée de la main (dans un véhicule, par exemple) une ou des armes interdites par la loi. Il faut donc écrire au féminin, singulier ou pluriel : *port d'arme(s) prohibée(s).*

Cela établi, précisons toutefois que nous énonçons là le *bon usage,* celui qu'il est préférable d'adopter, sans prétendre que ce soit une faute caractérisée d'accorder *prohibé* avec *port* : il s'agit d'une simple erreur en laquelle on est induit innocemment par les textes eux-mêmes. En effet, le *Petit Dictionnaire de droit* de Dalloz, au mot *Armes,* 12, IV, cité par Paul Robert, dit : « Est interdit le port d'armes de guerre, d'armes de défense et d'armes blanches ». Si nous supprimons l'inversion, nous avons : *le port d'armes* [...] *est interdit* – c'est-à-dire *prohibé* –, phrase où *interdit* est accordé avec *port.*

Malgré cet exemple qui excuse l'accord avec *port,* on se souviendra que l'usage le plus recommandable conseille d'accorder avec *arme(s).*
Ce dernier mot, dans l'expression *port d'armes,* se met toujours au pluriel, tant lorsqu'elle désigne le fait pour un soldat de présenter son arme que lorsqu'elle qualifie le délit de port d'une ou de plusieurs armes. Néanmoins, si un prévenu n'a été trouvé en possession que d'une arme, il est loisible au ministère public, dans la rédaction de ses réquisitions, d'écrire *port d'arme prohibée* (de même qu'il écrit *homicide* ou *homicides par imprudence* selon qu'il y a une ou plusieurs victimes). Car qui peut le plus peut le moins.

possession (en / en la)

On doit dire : *Dupont est en possession de plusieurs timbres de grande valeur,* et : *plusieurs timbres de grande valeur sont en* LA *possession de Dupont.* Si l'on regarde les choses à partir du propriétaire de l'objet, si c'est lui qui régit la phrase, il ne faut pas d'article défini devant *possession* ; au contraire, on doit mettre l'article *la* devant ce substantif si l'on se place à partir de l'objet possédé. Ainsi, il serait incorrect de dire : « Dupont est en la possession » de son timbre, et tout aussi incorrect d'écrire : « Un timbre de haute valeur est en possession de Dupont. »
Autre exemple : *Des tiers inconnus sont entrés en possession de l'héritage du colonel* ; mais : *L'héritage du colonel est maintenant en* LA *possession de tiers inconnus.*

« possibles (le moins de fautes) »

Dans une phrase écrite de la sorte : « Il faut faire le moins de fautes possibles », il y a un *s* de trop, qui la rend incorrecte.

Employé par ellipse (= qu'il est possible de faire), *possible* est invariable dans ce genre de constructions au superlatif. La bonne orthographe était donc : « *Il faut faire le moins de fautes possible* ».

Certes, des esprits très subtils portés aux discussions byzantines pourraient défendre le pluriel en faisant valoir que *possibles* doit être pris comme synonyme d'*envisageables,* de *compréhensibles...* On vous pardonnera les erreurs portant sur des difficultés inextricables, mais il faudra commettre un minimum de fautes primaires, dont chacun devrait se méfier... Subtilité extrême! Comme Stendhal (*la Chartreuse de Parme,* II), dans une phrase identique nous conservons le mot au singulier : *Pour courir le moins de risques possible.*

En revanche, on peut à juste titre hésiter sur : *les plus bas salaires possible(s).* Là, on peut comprendre : « les plus bas salaires qu'il est possible d'envisager » (invariabilité), ou bien : « les plus bas parmi les salaires possibles, acceptables, envisageables » (*possibles* au pluriel).

Le pluriel s'impose dans des tournures du genre : « *le meilleur des mondes possibles* » (= le meilleur des mondes concevables, envisageables).

Mais les rédacteurs du Grand Robert en 9 volumes (2e édition, 1985) sont à notre avis bien téméraires quand ils affirment que « l'accord est normal quand *possible* est employé avec un superlatif relatif dont le complément est introduit par *des* » et donnent comme exemple : « *la plus voluptueuse des danses possibles* »... Eh bien, non, le pluriel n'est pas systématiquement applicable dans ce cas!

Le pluriel est effectivement obligatoire si l'on veut dire qu'il s'agit de la plus voluptueuse des danses qu'il est permis d'exécuter, de la plus voluptueuse des quelques danses autorisées. Au contraire, c'est le singulier qui est licite si l'acception est « la plus voluptueuse possible des danses, de toutes les danses imaginables »... Selon nous, c'est même ce sens qui vient le premier à l'esprit quand on entend la phrase. Il est vrai que l'ambiguïté peut être détruite (et la chose est à conseiller) en modifiant le texte : « la danse la plus voluptueuse qu'il soit possible d'interpréter », « la plus voluptueuse de toutes les danses », « la plus voluptueuse possible des danses », etc.

Dans ces phrases : « *Nous caserons en cet espace le plus de meubles possible* », « *Docteur, visitez le plus de malades possible dans votre matinée* », tout le monde comprend que le singulier seul est... possible, sans qu'il soit besoin d'insister, le sens étant : le plus de meubles que nous pourrons, le plus de malades qu'il vous sera possible (de visiter).

prestation

Nous lisons fréquemment dans les journaux que tel homme politique s'est manifesté à l'Assemblée nationale par une « brillante prestation », ou, au contraire, que sa « détestable prestation » lui a causé un tort infini, le précipitant dans les abysses des sondages. Il faut entendre par là qu'il a prononcé un beau discours, a magnifiquement tenu tête à ses adversaires, ou, à l'opposé, qu'il s'est fort mal défendu dans une interview télévisée face à un contradicteur agressif.

Cet emploi du mot *prestation* a été critiqué. Le vocable serait impropre et tiendrait la place d'un autre mot; mais lequel ? On ne sait trop. Or, quitte à improviser, il faut bien trouver un nom pour tout ce qui mérite qu'on l'exprime...

Prestation, daté du XIIIe siècle, vient du latin *praestare,* verbe aux sens multiples : fournir, offrir, donner, présenter, produire, etc. En gros, c'est l'action de fournir, ainsi le définissent les dictionnaires. Selon les époques et le genre de fourniture, il a servi à des usages divers; à l'heure actuelle, il compte cinq ou six acceptions, depuis la *prestation en nature,* assimilable à la corvée de l'Ancien Régime, jusqu'à la *prestation de serment* des témoins dans le prétoire et des gardes-chasse, en passant par le tribut autre que monétaire du vaincu au vainqueur à l'issue d'une guerre et les *prestations sociales* qui consistent en remboursements, en indemnités et en allocations.

Si l'on excepte la prestation de serment, qui se rapporte à l'engagement d'être sincère et fidèle, il s'agit, dans la plupart des autres cas, d'une contribution à un effort physique ou financier. L'orateur qui prononce un discours *fournit* un effort intellectuel et physique, et l'on ne voit pas ce qui interdirait de qualifier cet effort de *prestation.* L'on a utilisé ce mot également à propos de comédiens qui, jouant un rôle dans une pièce ou dans un film, ou donnant un spectacle en solo (un *one man's show,* terme anglais devenu courant dans ce domaine), ont réalisé une *prestation* éblouissante, ou, au contraire, de basse qualité.

Certes, quand la prestation est bonne, il est permis de parler de *performance*; mais où est l'avantage? *Performance* est un mot emprunté à l'anglais dans le deuxième tiers du XIXe siècle par les habitués des courses de chevaux, et lui-même venu de l'ancien français *parformance.* Si la *prestation* est mauvaise, les mots ne manquent pas pour la désigner. De toute façon, il n'y a pas d'inconvénient majeur à user du terme *prestation* à propos d'une contribution à une œuvre ou à un effort quelconques : on demeure dans l'étymologie. Et un substantif qui possède déjà plusieurs acceptions peut en... accepter une de plus sans risque de polluer la langue à laquelle il appartient.

Au mieux, ce qu'on peut recommander, c'est d'éviter de dire ou d'écrire « fournir une prestation », afin de désamorcer tout reproche éventuel de la part des puristes qui condamneraient le pléonasme peu apparent mais réel, puisque, dans son étymologie, *prestation* contient déjà l'idée de *fournir* (c'est le même scrupule qui conseille de ne pas dire ou écrire : « opposer son veto »; voir cette locution p. 182).

« prêt de », « près à »

Tout cela est faux, c'est évidemment le contraire qui est bon : *prêt à* (je suis *prêt à* vous seconder), *près de* (il était *près de* défaillir, nous ne sommes pas *près d'*arriver). La faute est très fréquente; par exemple, nous l'avons relevée dans l'éditorial d'un quotidien daté du 9 août 1985 : « L'épineux dossier [...] de Mururoa n'est pas prêt de disparaître. » Il fallait évidemment : *près de* disparaître, ou, à la rigueur, *prêt à* disparaître; d'ailleurs, quelques

lignes plus loin, dans le même article, on pouvait lire très correctement : *le conflit n'est pas près de disparaître.* – À noter que les deux expressions diffèrent légèrement de sens. *Près* indique une proximité dans le temps ou l'espace, *prêt* une disposition, une disponibilité. Si un doute vient à l'esprit, il suffit d'essayer de mettre le mot au féminin (« prête »), ce qui, naturellement, sera impossible s'il faut : *près.*

prétendu, prétendument

Pour l'usage correct, voir : *« soi-disant attentat »*, p. 226.

Proche-Orient ou... Moyen-Orient ?

En 1973, l'Académie indiquait que l'emploi de *Moyen-Orient* « pour désigner les pays riverains ou voisins de la partie orientale de la Méditerranée est impropre. Il convient de lui préférer *Proche-Orient. Moyen-Orient* est réservé aux pays situés plus à l'est, et non limitrophes de la Méditerranée. »
Le Petit Larousse 1986 est plus précis quand, à l'entrée *Proche-Orient,* il explique que ce terme désigne l'ensemble des pays riverains de la Méditerranée orientale : Égypte, Israël, Liban, Syrie et Turquie. Plus précis, mais plus restrictif puisqu'il n'accepte que les États RIVERAINS. À remarquer que le Soudan ne figure pas dans cette liste. Mais cela devient beaucoup moins clair lorsque, toujours dans le P.L.I., on se reporte à l'articulet *Moyen-Orient* : « *Moyen-Orient,* ensemble formé par l'Égypte et par les

États d'Asie occidentale. L'expression englobe parfois encore l'Afghanistan, le Pakistan et l'Inde, la Libye et le Soudan. Elle recouvre partiellement l'ensemble désigné sous le nom de *Proche-Orient.* »

De ces prémisses, le lecteur consciencieux quoique perplexe déduit : que l'Égypte appartient aussi bien au Proche-Orient qu'au Moyen-Orient; que le Soudan est exclu du Proche-Orient par Larousse, qui l'admet à la rigueur au sein du Moyen-Orient, alors que d'après la définition de l'Académie le Soudan peut très bien faire partie de la petite équipe des États du Proche-Orient; la Libye pourrait s'intégrer dans l'ensemble dit du « Moyen-Orient », selon Larousse, alors que d'après l'Académie, manifestement, le pays du colonel Kadhafi ne saurait être exclu du groupe dit « Proche-Orient »; etc. Bref, c'est clair comme de l'anthracite ou du jus de chique!
Pousser beaucoup plus avant les recherches et les confrontations ne conduirait qu'à d'inextricables querelles byzantines. Il convient donc d'opter pour une définition conforme à l'usage. En conséquence, et sans que cela empêche par ailleurs de les rattacher respectivement à d'autres termes géographiques désignant des ensembles : Afrique, Afrique nord-orientale, Moyen-Orient, etc., seuls les États dont les noms suivent peuvent légitimement, selon nous, être considérés comme appartenant au

Proche-Orient : Turquie, Syrie, Liban, Israël, Jordanie, Égypte. La Libye, ayant des côtes donnant à la fois sur la partie centrale et sur la partie orientale de la Méditerranée, peut être ajoutée. En revanche, le Soudan est trop enfoncé dans le continent africain, à notre avis, pour s'intégrer à cet ensemble. Il faut le classer dans l'Afrique nord-orientale...
Quoique considérée comme faisant partie de l'Europe, l'île de Chypre est trop près des côtes turques pour ne pas être insérée dans notre « club » du Proche-Orient. D'autant plus que Chypre est souvent associée aux problèmes du Proche-Orient...

prolongement / prolongation

« Les deux équipes étant toujours à égalité à la fin du temps réglementaire, on eut recours aux prolongements. »
La jeune femme qui, feignant de s'intéresser au football, résumait ainsi un huitième de finale de la Coupe de France confondait deux paronymes, deux « faux amis » : *prolongement* et *prolongation.*
Rappelons que *prolongation* s'applique à l'action de prolonger dans le temps, au résultat de cette action : *Platini marqua un but lors de chacune des deux prolongations.* En revanche, *prolongement* désigne l'action de prolonger dans l'espace, d'accroître en longueur... *(le prolongement de cette ligne de métro pose d'énormes problèmes aux ingénieurs chargés de mener à bien les travaux).*

« promotion sur tous les articles »

Le mot *promotion,* dans ses diverses acceptions, contient une idée d'élévation : on est *promu* capitaine alors qu'on n'était que lieutenant, officier de la Légion d'honneur alors qu'on n'était que chevalier. On peut *promouvoir* une doctrine, un projet, une mesure sociale. De là, une expression commerciale encore critiquée mais déjà fort répandue, la *promotion des ventes,* traduction de l'anglais *sales promotion.*
C'est le nom qui a été donné à un effort fait en faveur de certains articles pour en accélérer la vente, en mettant en relief leur qualité excellente et leur prix avantageux.

PRIX
CHOC

Jusque-là, bien que la locution soit rejetée par certains, nous restons dans la logique. Mais le mot *promotion* a été galvaudé par des magasins qui s'en sont servis pour solder des produits dont ils démarquaient l'étiquette, avec un écriteau : « Promotion sur les sardines », ou « sur le macaroni », ou « sur les lames de rasoir », etc. Enfin, des commerçants qui réduisaient de quelques francs ou de quelques centimes leur marge bénéficiaire sur l'ensemble de leurs marchandises décrétaient non pas un *rabais général,* ou une *réduction de prix,* ou une *remise,* ce qui eût été normal, mais une « promotion sur tous les articles », expression risible puisque si, dans une boutique, dans un magasin, dans un bazar, tous les articles sont dits « en promotion », c'est à peu près comme si aucun n'était « promu ». Donc, s'il s'agit d'une baisse générale des prix, il y a lieu d'utiliser les expressions indiquées ci-dessus en italique et de se garder d'employer le mot « promotion ».
Exclure aussi, naturellement, l'affreux « discount », qui en anglais signifie simplement *rabais, escompte, ristourne,* etc. D'autant plus que la plupart des Français le prononcent d'une façon qui risque fort de chagriner, si d'aventure il passe par là, le Britannique le plus doué d'humour. – Voir page 36.

PRONOMS PERSONNELS

Sans que cela soit très fréquent, on note des confusions entre le pronom personnel *les* et son « frère » *leur* : « Il faut les apprendre à traverser dans les clous. » Construction fautive : c'est évidemment *leur* qu'il aurait fallu...
On s'aperçoit que cette tournure erronée est due au fait que celui qui s'exprime n'accorde pas la forme du pronom à sa fonction. Si le pronom personnel est un complément d'objet direct, c'est *les* qu'il faut : *Ayant appris par cœur deux poèmes de Lamartine, je* les *ai récités* (... à mes grands-parents). Si le pronom personnel a une fonction de complément d'objet indirect, la troisième personne du pluriel est représentée par *leur* : *Mes grands-parents tenant à connaître les derniers vers que j'ai écrits, je* leur *ai dit d'attendre jusqu'à demain matin.*
En effet, les pronoms personnels varient non seulement selon la personne et le genre, mais aussi, à certaines personnes, selon la fonction. Ainsi, à la 3e pers. du sing. *(il, elle),* les formes conjointes des pronoms sont : *le* et *la*

pour la fonction de complément d'objet direct et *lui* quand le pronom est complément d'objet indirect. À la 3e pers. du plur. *(ils, elles),* la forme du complément d'objet direct est *les,* celle du complément d'objet indirect est *leur.*

Une faute très répandue dans le langage parlé et qui passe allégrement dans l'écriture (« La concierge court pour lui dire », Marguerite Duras, cité dans *le Bon Usage,* 12e édit., 1986) consiste à omettre le pronom complément d'objet direct lorsqu'il coexiste avec un pronom complément d'objet indirect (à la 3e personne du singulier ou du pluriel) : « Sa montre ? Je lui ai rendue ce matin » (pour : *Sa montre ? Je la lui ai rendue ce matin*); « Je lui ai dit! » (pour : *Je le lui ai dit!*); « J'avais deux bonbons, et je leur ai donnés » (au lieu de : *J'avais deux bonbons, et je les leur ai donnés*)...

Cette faute entre dans le cadre de ce phénomène que les linguistes appellent l' « haplologie » et qui consiste à n'exprimer qu'un son ou qu'un des groupes de sons identiques ou quasi identiques qui se suivent immédiatement dans une phrase (ici *le-lui, la-lui, le-leur, les-leur...*). En fait, le pronom absent est sous-entendu dans l'autre, et il s'agit d'une sorte de contraction, machinale et abusive, de deux pronoms en un seul.

C'est également par haplologie que *y* disparaît devant le futur et le conditionnel du verbe *aller,* ou devant lui-même avec la construction impersonnelle *y avoir* : « As-tu été au Salon du Livre ? – J'irai jeudi » (pour : *As-tu été au Salon du Livre ? – J'y irai jeudi*); « Ce n'est pas parce qu'il y a des gisements d'or en Oregon que je vais là-bas; c'est parce qu'il y a (pour : *parce qu'il y y a*) Agnès et Sylvie ».

publiciste / publicitaire

Dans un article qu'il a donné au journal *le Monde,* le professeur Claude Got, membre du Haut Comité d'étude et d'information sur l'alcoolisme, s'inquiète de voir l'État laisser bientôt la place aux publicistes en ce qui concerne la promotion de l'alcool, ce qui risque d'entraîner une consommation croissante des boissons alcooliques de plus de 9 degrés, entre autres : « [...] *Cette attitude est à l'inverse de l'humanisme et de la solidarité. C'est l'abandon d'un groupe qui a le malheur d'être moins performant, moins solide dans ses structures mentales. La facilité avec laquelle ce groupe aura accès à un alcool valorisé par les publicistes* [...] ». (« L'alcool en liberté », *le Monde,* mercredi 9 avril 1986.)

Tout au long de cet article, M. Got emploie *publiciste* au sens de *publicitaire,* c'est-à-dire de professionnel s'occupant de publicité. Le tandem *publiciste-publicitaire* fait depuis de nombreuses décennies partie des couples infernaux de mots utilisés couramment l'un pour l'autre à cause de leur paronymie, aussi M. Got ne serait qu'un auteur de plus à s'être laissé piéger... La consultation du dernier Petit Larousse paru (1987) confirme ce que tous les « *Ne dites pas... dites...* » écrits par des générations de linguistes et de grammairiens nous avaient appris. Mais voilà... le Grand Larousse de la langue française, lui, donne en quatrième et dernière acception de *publiciste* : « Personne qui s'occupe de publicité commerciale », synonyme d'*agent de publicité* et de *publicitaire.* Et le nouveau Grand Robert en neuf volumes, quoique assortissant l'acception contestée d'un pudique « abusivement », entérine pour *publiciste* le sens d'*agent de la publicité,* de *spécialiste de la publicité.* Alain Rey et son équipe exposent d'ailleurs les raisons qui, selon eux, ont entraîné ce glissement de sens. En effet, les sens premiers de *publiciste* (1° spécialiste du droit public; 2° écrivain politique, auteur politique; 3° journaliste) ont bien vieilli! Ou plutôt, ils ont « mal » vieilli, puisque ces acceptions sont obsolètes, inusitées dans la langue contemporaine. Le second argument avancé par les lexicographes du Robert nous laisse plus sceptiques : « [Cet emploi est dû...] au désir de valoriser une profession en utilisant les connotations de ces anciennes acceptions [...] ». C'est chercher une cause un peu trop intellectuelle à un glissement de sens plutôt imputable, pensons-nous, à l'influence de l'anglo-américain *publicist,* « publicitaire », et au fait que *publicitaire* est généralement ressenti comme un adjectif et de moins en moins comme un substantif, un nom.

Tous ces phénomènes linguistiques indéniables inclinent donc à nous faire entériner l'évolution des emplois respectifs des deux mots. Une fois encore, nous en sommes ici au stade où des dictionnaires contemporains sont partagés entre « modernistes » et « traditionalistes », avec probablement à court terme la victoire des premiers.

On ne saurait en tout cas bannir l'emploi de *publiciste* en ses acceptions traditionnelles, « puristes ». Mais il faudrait alors expliciter lesdites acceptions, car on risque fort de n'être pas bien compris, au moins des jeunes lecteurs. Et il reste toujours recommandé, dans l'immédiat, d'éviter de recourir au sens contesté.
Si l'on recule devant l'emploi de *publicitaire* en tant que substantif, on écrira : *les professionnels de la publicité, les agents de (la) publicité, la publicité* (= *le service de la publicité*), etc.

« quatre coins de l'Hexagone (aux) »

Sans avoir rien d'autre contre elle que de prêter à sourire, la phrase ci-dessus, bien souvent entendue à la radio ou à la télévision ou lue dans la presse, peut cependant être mise en cause au nom de la logique : il faudrait en effet dire « aux six coins de l'Hexagone »! Mais la locution retenue par l'usage pour signifier « partout » est exclusivement « aux quatre coins » :

> Cet esprit de discorde et de défiance qui soufflait la guerre aux quatre coins de l'Europe.
>
> Racine, *Discours à l'Académie.*

Toutefois, si l'on veut éviter les sarcasmes des esprits rigoureux, il vaut mieux dire et écrire : « *en tout point, en tout lieu, de l'Hexagone* », « *aux quatre coins de la France* », etc., toutes formules qui ne chagrineront pas les fervents de la géométrie!...

« qu'hasardeux (plus) »

Cette élision malencontreuse mais fréquente (même sur les ondes) est du même tonneau, si l'on ose dire, que celles qui sont commises dans : « courir sur l'haricot », « manger de l'hareng saur », « ah! l'hideux bonhomme », et le trop habituel « l'handicap qui l'afflige », etc. Il n'est pas mauvais de connaître (c'est affaire de mémoire) quels sont les *h* muets et quels sont les *h* dits aspirés. S'il est correct, et, donc, recommandé, de dire : *l'hiatus, l'hiéroglyphe, l'hyène* – et, bien entendu, *l'horloge, l'horreur, l'humus* –, au contraire on doit dire : *le haricot* (dans l'expression « courir sur l'haricot », l'élision est tolérée parce que c'est du langage argotique), *du hareng saur, le hideux bonhomme, le handicap.* De même, dire : *le huis clos* (mais, dans tous les autres cas : *l'huis,* comme aussi : *l'huisserie, l'huissier*), *je hurle* (et non : « j'hurle »), *il me houspille* (et non : « ... m'houspille »), etc.

Pour les noms propres, l'usage de l'élision devant l'initiale H est souvent hésitant et déterminé par l'euphonie. Ainsi, André Chastel, dans son article « Le travailleur du siècle » (*le Monde,* 2 oct. 1985, p. 16), élide : *les propositions d'Hugo, ... à partir des œuvres d'Hugo,* ou n'élide pas : *Tel est le Hugo qui nous est révélé*; cela, au gré du choix de l'oreille. À l'article **ÉLISION,** nous avons effleuré déjà cette question.

On pourrait être tenté de voir dans l'infernale distinction entre *h* « muet » et *h* « aspiré » l'effet d'une disposition redoutable de la langue française qui s'ingénierait à faire compliqué là où il est possible de faire simple. En réalité, tout ce que l'on peut reprocher à notre langue est son conservatisme orthographique. Au Moyen Âge, l'*h* « aspiré » était prononcé. Quant à l'*h* « muet », on se dispensait bien souvent de l'écrire. Entre le XIVe et le XVIIe siècle, la réaction savante et la fixation de l'orthographe ont abouti à un système bloqué et malcommode, mais qui repose sur des bases saines et naturelles.

L'*h* muet est, dans la quasi-totalité des cas, la conservation orthographique du *h* latin ou du signe ‹ grec (dit *esprit rude*), signes qui, dès l'Antiquité, ne correspondaient plus à aucune prononciation effective. Dans quelques cas, il s'agit d'une lettre surajoutée par les scribes du Moyen Âge pour éviter que la diphtongue *ui* ne fût lue *vi.* Exemples : latin *olea* donne *uile,* écrit *huile*; *ostium* donne *uis,* écrit *huis.*

L'*h* dit « aspiré » (mais en réalité « expiré ») se rencontre surtout dans des mots d'origine germanique; les peuples germaniques prononçaient (et prononcent toujours) fortement cette consonne, et les Français les ont imités, avant de se fatiguer.

Les exceptions sont rares, et ne se manifestent que dans un sens : quelques mots d'origine latine ou grecque ont un *h* « aspiré ». Ainsi *héros,* du grec *hêrôs* (mais pas *héroïne* ni *héroïque*); *hile,* du latin *hilum*; *hiérarchie,* du grec *hierarkhia. Huit* et *huitième* suivent le même usage que *un, onze* et *onzième* (il ne s'agit pas vraiment d'un *h* « aspiré »; voir **ÉLISION**); *huis clos* suit un usage comparable. Parfois, un *h* initial aspiré s'est greffé sur un mot

dont le modèle latin ne comportait pas d'*h* : ainsi dans *haut*, issu d'*altus* et sans doute contaminé par le germanique *hoch*.

La situation est beaucoup plus confuse pour les mots dont l'origine n'est ni germanique ni latino-grecque. Ainsi, *de grands hévéas* (*hévéa* est issu du quetchua) se prononce « de granzévéa » tandis que *d'heureux hasards* (*hasard* est issu de l'arabe) se prononce « deureuazar ».

« 15 heures de l'après-midi »

Voir « **20 heures du soir** », p. 246.

« rabat les oreilles (il nous en) »

Ce solécisme non seulement émaille le parler populaire mais encore fleurit dans la bouche de personnalités familières de la tribune, de la scène et de l'écran. Il faut, bien évidemment, dire et écrire : *il nous en rebat les oreilles* (et non « rabat »). Cela signifie : il nous le répète à satiété, il nous le rabâche, au point que nous en avons les oreilles *battues et rebattues* – et non point « rabattues » comme celles d'un cocker ou d'un lapin, ce qui n'aurait strictement aucun sens.

ROMÉO!
JULIETTE!

« rappelle (je m'en) »; « rappelle de (je me) »

Ces deux expressions, qui en somme n'en font qu'une, sont incorrectes. Qu'il soit ou non à la forme pronominale, le verbe *rappeler* est transitif direct; on doit donc dire : *je me le rappelle, je me rappelle* (cet accident, les bons moments de ma jeunesse, etc.), enfin *rappelez-vous* (cela), et non pas « rappelez-vous-en ». Si vous tenez à placer dans la phrase un complément indirect, employez le verbe essentiellement pronominal *se souvenir : je m'en souviens, je me souviens de* (cet accident, etc.), *souvenez-vous-en* [notez les deux traits d'union]. Ce que nous venons d'indiquer, c'est le bon usage, mais il est nécessaire d'ajouter que, dans le langage courant et peu surveillé, les formes ci-dessus déconseillées sont d'un emploi très fréquent, et que les écrivains eux-mêmes sont de plus en plus nombreux à les adopter. La langue y perd en pureté; par bonheur, sa clarté n'en est pas affectée, et c'est évidemment l'essentiel. Les formes avec *se souvenir* considérées aujourd'hui comme licites furent condamnées autrefois : on n'admettait avec ce verbe que le mode impersonnel, et il fallait dire ou écrire : *il m'en souvient, il me souvient de* (l'homme dont vous parlez), tournures qui demeurent fort correctes mais sont devenues précieuses. Ainsi évolue la langue.

rentable

Au Moyen Âge, cet adjectif fut un provincialisme signifiant, à propos d'une terre, « frappée d'une redevance ». Il a refait surface vers la fin du XIXe siècle et n'a guère cessé depuis d'être critiqué et contesté. Son acception nouvelle est : *rémunérateur, payant, lucratif, fructueux*; cette abondance d'équivalents montre en effet que sa résurrection n'offrait peut-être pas un caractère d'urgence. Il s'est pourtant imposé et son emploi s'est généralisé; il a donné naissance au verbe *rentabiliser* et au substantif féminin *rentabilité*, et l'on a même rencontré *rentabilisation*. Après tout, ne nous plaignons pas que la langue française s'enrichisse (ou récupère ses richesses)! L'origine du mot n'est pas suspecte : sa parenté avec *rente*, alléguée par Dauzat, paraît de bon aloi, et même si on lui trouve une certaine ressemblance avec le *rentable* anglais (= qui peut se louer), issu du verbe *to rent*, louer, affermer, et du

substantif *rent,* location, loyer, fermage, le mal n'est pas grand. Les érudits qui contestaient l'adoption de *rentable* lui reprochaient notamment de ne pas refléter l'acception de sa racine ancienne; *renter,* sous la féodalité, c'était doter d'une rente, ou l'imposer, ou encore s'acquitter du *rentage,* autre nom du droit de champart, sorte de dîme sur les gerbes. Contester *rentable* partait donc d'un beau scrupule, mais l'usage populaire a mis fin au débat.

repartir « à » zéro

La bonne expression est : repartir *de* zéro. Voir : **partir « à » zéro,** p. 168.

« résilier ses fonctions »

Voilà une erreur fréquemment commise (par exemple dans *France Soir* du 2 septembre 1985, feuilleton de Paul Gordeaux sur les amours de Robert Schumann : « une humiliation qui l'oblige à résilier immédiatement ses fonctions »). La paronymie cause la confusion. En réalité, *on résigne une fonction,* alors qu'*on résilie un contrat.* Il fallait écrire : *l'oblige à résigner immédiatement ses fonctions.*

« ressort pas de ma compétence (cela ne) »

Fausse formulation, par confusion entre les deux verbes *ressortir,* l'un du troisième groupe (*la couleur rouge ressortait vivement sur l'ensemble* : elle tranchait; *Jean ressortit tout de suite de chez lui* : il quittait son domicile,

où il venait juste d'entrer), l'autre du deuxième groupe (*cette mission ne ressortit pas à ma compétence, à ma fonction* : n'est pas de mon ressort, n'entre pas dans mes attributions, ne correspond pas à ce que je sais faire). La phrase citée en entrée doit donc se corriger ainsi : *cela ne ressortit pas à ma compétence.* À l'imparfait : *ne ressortissait pas,* etc.

« réticents à payer »

Vouloir pourfendre à tout prix cette expression serait aujourd'hui du don-quichottisme, tant elle est désormais incrustée dans le langage. Quelqu'un hésite-t-il, ou tarde-t-il, à faire une chose ? On le dit « réticent ». Il est difficile de freiner un glisssement de sens que la langue, en évoluant, semble accepter.

Rappelons pourtant qu'*être réticent,* au sens traditionnel, ce n'est pas cela ; c'est avoir une arrière-pensée et la garder pour soi ; c'est taire quelque chose qu'on devrait dire, l'omettre par calcul, par goût du secret, etc.

Le mot *réticence* vient du latin *reticentia,* silence obstiné. Il y a donc eu une extension de sens, difficile à contrarier.

L'attirance du mot *résistance* a pu jouer en sa faveur, ainsi que celle de l'adjectif *rétif, -ive,* qui signifie *récalcitrant, -e,* en parlant d'un cheval ou d'un âne. On a pu lire qu'une population s'était montrée « réticente » devant telle ou telle mesure du pouvoir; en fait, elle y a opposé une certaine *résistance,* au moins virtuelle, et s'est montrée *rétive* à son application, au sens figuré de cet adjectif.

On peut toutefois conseiller d'éviter des contresens comme celui-ci, que nous avons rencontré : « les réticences qui se sont exprimées », attendu que le propre d'une *réticence* est d'être inexprimée, de rester silencieuse.

rien moins que / rien de moins que

Les expressions *rien moins que* et *rien de moins que,* la première surtout, demandent à celui qui les emploie une parfaite maîtrise de sa langue et de son style. On les prend volontiers l'une pour l'autre. Même la référence aux grands écrivains ne suffit pas toujours à nous éclairer.

La première, notamment, de ces locutions est usitée parfois dans un sens et dans le sens contraire selon la nature du contexte; il a été allégué que, dans une proposition gouvernée par un verbe, elle devait être entendue autrement que sans verbe. Bref, un véritable sac de nœuds...

Si l'on simplifie, comme la précision exigée du français y convie, disons que les choses pourraient se résumer ainsi :

La seconde forme (*rien de moins que*), peu employée, signifie de toute évidence : « non moins que... » Par exemple : *il n'est rien de moins que riche* veut dire : *il est riche, pas moins*!

La première forme (*rien moins que*) est beaucoup plus obscure et défie presque l'analyse; elle a été employée par une foule d'écrivains, tantôt au sens positif (*rien moins que riche* signifiant « vraiment riche »), tantôt au sens négatif (*rien moins que riche* voulant dire « pas riche du tout », « fort pauvre »). Cette ambivalence crée une équivoque insupportable qui a persuadé les grammairiens de bonne volonté de tenter d'y mettre fin.

Voici un aperçu de la question :

1° *Rien moins que* révélerait plutôt une acception négative (*rien moins que riche,* « pauvre »), peut-être contraire, du reste, à l'emploi qui en est fait le plus souvent, alors que *rien de moins que,* d'emploi nettement plus rare, a un sens positif indiscuté (*rien de moins que riche,* « très riche »; *rien de moins qu'un tyran,* « un vrai despote »).

2° En raison de l'ambiguïté de la locution *rien moins que,* qui finit par la rendre incomprise, il y a lieu de l'abandonner.

Ce point n° 2 a reçu l'assentiment de Grevisse et de nombreux autres lexicographes. Pour notre part, nous nous y rallions. Outre que l'édition de 1986 du *Bon Usage* suggère l'abandon de *rien moins que,* il y est recommandé, pour le sens positif de cette expression, son remplacement par *pas moins que,* qui est d'une limpidité parfaite, et dont l'auteur fournit des exemples intéressants dans la littérature.

Dans la logique de ce qui précède, voici une phrase parfaitement incorrecte, où l'expression est prise à contresens : « Jamais un ministre n'avait été si maladroit. Aussi fut-il rien de moins qu'applaudi quand il monta à la tribune. »

Évidemment, il faut : *rien moins qu'applaudi,* c'est-à-dire qu'il fut carrément conspué par une assemblée qu'indignait sa maladresse.

À l'opposé, voici un exemple d'emploi correct de *rien de moins que* relevé dans la presse :

> Nous sommes dans une situation sans précédent, nous a dit [...] une dame qui ne songe à rien de moins qu'à élaborer une « théologie de la libération » à l'usage de son pays [la Pologne].
>
> André Fontaine, *le Monde,* 13 mars 1986.

« risquer de gagner »

Construction fautive. Il faut dire : *risquer de perdre, d'être vaincu, d'échouer,* etc., mais : *avoir chance* (ou : *une chance,* ou : *des chances*) *de gagner, de vaincre, de l'emporter.* L'idée de *risque* implique nécessairement celle d'échec, de défaite, de perte.

« robe rouge et verte »

Quand un objet est de deux (ou de plusieurs) couleurs, que deux (ou plusieurs) couleurs voisinent sur un même support, les adjectifs qui désignent ces couleurs sont invariables; il faut donc dire : *une robe rouge et vert.* Cela peut sembler bizarre au premier abord, et pourtant, d'instinct, tout le monde dit, très correctement : *une bannière bleu, blanc, rouge,* et non pas « bleue, blanche, rouge ».

Une considération montrera la logique de la règle; mettons la locution au pluriel; si l'on dit : *des robes rouges et vertes,* cela signifie que certaines de ces robes sont rouges alors que d'autres sont vertes; mais si l'on dit : *des robes rouge et vert,* on entend par là que toutes ces robes sont bicolores, à savoir teintes partie en rouge, partie en vert.

« rue bordée de commerçants »

Sauf cas très particuliers de manifestations – de joie ou de colère – de la part des commerçants, les puristes exigeront la formule *rue bordée de commerces...,* ou *de boutiques.*

« rugby à treize »

On peut « écorcher » le français par méconnaissance d'évolutions qui échappent aux spécialistes, aux fervents de tel art, de tel sport ou de telle discipline...

Ainsi en est-il des personnes qui de nos jours parlent encore de « rugby à treize », alors que le sport qu'elles évoquent ne doit plus être désigné que sous le nom de *jeu à treize*! Le rugby, quant à lui, ne peut se jouer qu'à quinze joueurs par équipe.
Depuis une quarantaine d'années – c'est en 1945 que la Ligue française de rugby à treize se mua en Fédération française de jeu à treize –, l'ancienne appellation de ce sport n'a plus lieu d'être...

Rappelons qu'en anglais le mot *football* figurait dans le nom officiel de la première fédération de rugby : la Rugby Football Union (1871), qui adopta des règles de jeu inspirées de celles du collège de Rugby (ballon ovale, porté à la main ou frappé du pied; placage autorisé) par opposition aux règles du *dribbling game* des universités de Cambridge et de Sheffield (ballon rond frappé du pied, placage interdit) qui furent entérinées par la création de la Football Association (1863).

« rutilant (un vert) »

« Un magnifique autocar vert, tout rutilant et flambant neuf... » Quelque chose cloche dans cette phrase... devinez quoi! Tout simplement, un objet de couleur verte peut être flambant neuf, étincelant, magnifique, mais non rutilant, même si c'est un autocar, car *rutilant* (du lat. *rutilare,* teindre en rouge; *rutilus,* d'un rouge ardent) doit s'accorder avec une coloration rouge. Le mot a certes pris un sens extensif, et Huysmans a parlé d'émeraudes et de rubis qui lançaient « de rutilantes flammes »; or, si les rubis sont rouges, les émeraudes, elles, sont vertes; sans doute l'écrivain n'avait-il en tête que les rubis! Sans condamner expressément l'extension de sens, il est instamment recommandé de ne pas mettre le mot *rutilant* en contradiction avec des objets d'une coloration trop éloignée du rouge, afin d'assurer au texte la logique et la cohérence que le lecteur en doit exiger.

« sans prendre de médicaments (le docteur m'a guéri) »

Type de la construction maladroite – et fréquente! –, cette phrase ne peut que signifier : « Alors qu'il n'a pris aucun médicament, le docteur m'a guéri ». Et il faut rejeter le raisonnement byzantin et spécieux qui consisterait à prétendre qu'ici le verbe *prendre* aurait le sens d' « utiliser », de « recourir à »...

En fait, on doit tourner ainsi sa phrase : *Le docteur X... a réussi à me guérir sans me faire prendre le moindre médicament*; ou bien : *Le docteur X... a réussi à me guérir sans recourir aux médicaments,* etc.

Tombent sous la même critique justifiée les expressions suivantes : « L'hiver est passé sans avoir besoin de racheter du fioul (ou : *fuel*!) »; « J'ai acheté de la lessive sans bouillir »... Littéralement, la première phrase signifie que le bon vieux – mais frileux?! – bonhomme Hiver, ayant déjà constitué ses réserves de carburants, est passé chez le commerçant sans faire d'achat de fioul; la seconde, que sans m'impatienter, sans m'énerver, sans... « bouillir », je me suis procuré de la lessive...

Bien entendu, ce n'est pas là le sens de ces maladroits propos, chacun s'en doute, mais il serait bon de songer à s'exprimer plus rigoureusement en toute circonstance.

En l'occurrence, il est bien facile de dire et d'écrire : *L'hiver ayant été doux, nous n'avons pas eu à racheter du fioul,* ou : *Nous avons traversé l'hiver sans avoir eu besoin de racheter du fioul,* etc. ; *J'achète cette lessive, car il n'y a pas besoin de faire bouillir le linge,* ou bien : *Avec cette lessive, il n'est pas nécessaire de faire bouillir...*

Les exemples ci-dessus montrent en outre l'abus fait parfois de l'infinitif dans l'intention certes louable d'être concis. En voici un autre, puisé dans un journal parisien, où l'infinitif est celui du verbe auxiliaire *être* : « Elle ne peut pas rester seule dans cet endroit fait pour être deux ». Il eût été bien meilleur d'écrire : [...] *fait pour qu'on y soit deux...*

« secousse sismique »

Un langage un peu surveillé évite cette expression en raison du pléonasme étymologique. En effet, *séisme,* n. m., et l'adjectif *sismique,* qui en dérive, viennent du verbe grec *sieiein,* qui signifie *secouer,* d'où il résulte que

« secousse sismique » semblerait dire « secousse qui secoue ». Certains dictionnaires (Petit Robert, 1976) signalent le pléonasme au regard de l'étymologie tout en ajoutant : « mais non du sens actuel ». Il n'en reste pas moins qu'il est recommandé de bannir « secousse sismique » et de dire simplement : *tremblement de terre,* qui a le même sens. Si l'on parle des ondes successives qui caractérisent le phénomène, on dira : *la première secousse, les diverses secousses,* sans ajouter d'adjectif. Rien n'empêche, bien entendu, de dire : *un phénomène sismique, les ondes sismiques, le désastre sismique de Mexico en septembre 1985,* etc. Il est devenu habituel de dire : *une secousse tellurique,* du latin *tellus,* terre; même si cela fait un peu savant, l'expression est irréprochable, et son emploi est à conseiller.

« si il(s)... »

L'hiatus des deux *i* exige le recours à l'élision, non point facultative mais obligatoire. Il faut dire et écrire : *ils viendront s'ils le veulent* (et non : « si ils le veulent »). C'est le seul cas où *si,* conjonction, remplace son *i* par une apostrophe, que le pronom soit au singulier (*il viendra s'il peut*) ou au pluriel. Bien noter l'expression : *s'il y a lieu* (de se réjouir, de sévir, etc.), et non « si il y a lieu ».

sitôt / si tôt

Doit-on écrire *sitôt* ou *si tôt*? En un seul mot, ou en deux? Réponse : c'est selon. En un seul mot, *sitôt* a le sens de : immédiatement, dans l'instant; exemple : *sitôt arrivé, je me suis couché.* C'est-à-dire : à peine parvenu à destination. De même : *sitôt dit, sitôt fait.* Ou encore : *sitôt le matin* = dès le matin *(sitôt le jour levé).* En locution conjonctive avec *que,* la même idée d'instantanéité est exprimée : *sitôt qu'elle me vit, elle éclata de rire.* On peut toujours remplacer *sitôt que* par *aussitôt que* ou par *dès que,* mais *sitôt que* est préférable à *aussitôt que* quand il n'y a aucune intention de comparaison (toutefois, cette nuance peu perceptible n'est observée que dans des textes méticuleusement peaufinés).
Si tôt en deux mots a un autre sens; c'est le contraire de

si tard, qui n'offre pas de forme en un seul mot; exemple : *je ne croyais pas que vous seriez venu si tôt* (c'est-à-dire : de si bonne heure). Là encore la locution conjonctive est possible : *je ne suis pas parti si tôt* [et non : « sitôt »] *que les coureurs, mais je les ai rattrapés.* Forme incorrecte : « Pourquoi vous êtes-vous levé sitôt ce matin ? » Il faut évidemment : *si tôt*, en deux mots, c'est-à-dire : de si bon matin. De même : *Si tôt* [et non : « sitôt »] *que vous vous leviez, vous me trouverez debout avant vous.* (N'en faites rien, surtout : c'est pure vantardise de notre part!) – Voir également ***aussitôt / sitôt***; p. 51.

La même différence de sens qui distingue *sitôt (que)* de *si tôt (que)* joue également pour *aussitôt (que)* et *aussi tôt (que)*, où *aussi* (fusion de *autre* et de *si*) renforce l'idée de comparaison ou d'égalité. – Voir aussi ***plus tôt/plutôt***, p. 193.

« soi-disant attentat (un) »

Erreur : *soi-disant* (= celui ou celle qui se dit...) s'applique exclusivement à des personnes : *un soi-disant marin, un soi-disant journaliste.* Il faut dire : *un prétendu attentat.* Il en va de même quand *soi-disant* est usité adverbialement : *Jean s'est soi-disant refusé à discuter*, mais : *cette piscine a été prétendument polluée* (et non « soi-disant polluée »). Noter que *soi-disant* est invariable. Enfin, ne pas écrire : « soit ».

Prétendu peut très licitement s'appliquer à des personnes dès lors que ce ne sont pas ces personnes elles-mêmes qui prétendent être ce qui est exprimé par un nom ou par un adjectif. Exemple : « La jeune femme soi-disant laide... » Ouiche! On ne rencontre pas tous les jours une fille d'Ève proclamant qu'elle n'est pas un prix de beauté! En revanche, ses « bonnes copines » peuvent laisser entendre qu'elle est laide, la *prétendre* laide... Cette jeune femme sera alors *prétendument* laide. Cela dit, il y a des personnes qui prétendent être tout autre chose que ce qu'elles sont; ainsi, un escroc prétendra être un honnête homme, un incapable se prétendra supérieur en sa partie. On pourra donc très bien dire à leur sujet : *Ce prétendu honnête homme, ce prétendu expert en...*, etc., aussi bien que *Ce soi-disant honnête homme, Ce soi-disant crack*, etc. Ici, les deux termes conviennent.

Noter qu'il faut éviter les tournures populaires du genre : « Élise n'est pas venue, soi-disant qu'elle est malade », ou : « Ce hâbleur possède soi-disant un quinze pièces à Passy »; ces formules seront remplacées heureusement par des tours tels que : *Élise n'est pas venue, sous prétexte* (ou : *car, parce que...*) *qu'elle est malade*, et : *S'il faut l'en croire* (ou : *selon ses dires*, etc.), *ce hâbleur possède* [...].

solution de continuité

L'expression *solution de continuité* est excellente à condition d'être employée à bon escient. Son sens véritable est : *interruption dans la continuité* (d'un ouvrage, d'une action, de l'abrupt d'une falaise, d'un enchaînement quelconque de choses, de faits ou d'idées), tant dans le domaine matériel que dans le domaine abstrait. *Sans solution de continuité* signifie donc : « sans interruption dans la continuité ». Par malheur, il arrive que la locution soit mal comprise et interprétée à rebours, comme si elle signifiait « sans continuité », « d'une façon discontinue », alors qu'elle veut dire au contraire : « sans faille ». Il est bon de se souvenir, au moment de l'employer, qu'une paroi *sans solution de continuité* est une paroi lisse, sans rupture, sans corniche, bref un véritable défi pour les alpinistes de Fontainebleau; l'œil y cherche en vain l'anfractuosité, l'aspérité, la cassure, dont l'amateur de « 5 sup' » est friand et sur quoi il compte pour se hisser ou prendre appui.

soir(s) (tous les jeudis)

Dans cette expression, l'on hésite à prêcher le pour ou le contre à propos du singulier ou du pluriel du mot *soir*. La règle préconisée comme logique est de laisser le singulier : aussi bien Thomas que Grevisse allèguent l'ellipse de l'article contracté *au* (*les jeudis au soir,* forme correcte mais en voie de disparition). Il est donc conseillé d'écrire : *tous les jeudis soir*, de même que : *tous les jeudis matin*. Cependant, la présence virtuelle de ce *au* sous-entendu qui s'opposerait à l'accord de *soir* au pluriel est une simple vue de l'esprit; du reste, Grevisse cite des écrivains considérables qui ont mis la marque du pluriel tant à *matin* qu'à *soir* (Stendhal, Loti, Alphonse Daudet, Alain-Fournier, Maurois, Gide [1], Valery Larbaud, etc.); sans doute cela peut-il se justifier si l'on estime que le substantif *soir* est mis en apposition avec valeur adjective,

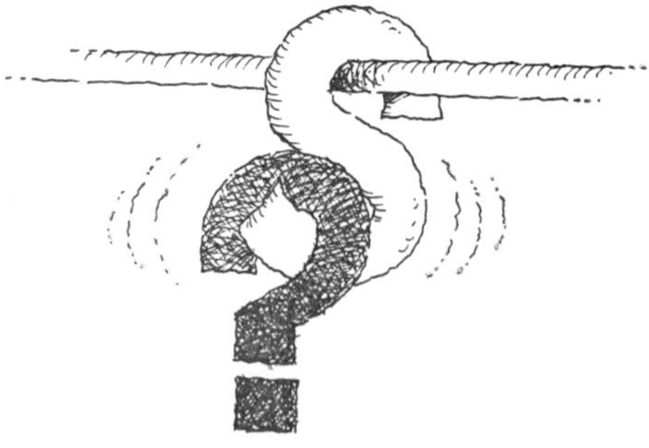

1. Gide est également cité dans les exemples de non-accord!

comme *prodige* dans : *des enfants prodiges*; mais on est en droit de répliquer que *soir* ne s'identifie pas avec *jeudi, vendredi, mardi*, ou n'importe quel jour de la semaine (puisqu'il s'agit là d'un moment de la journée), et que, par conséquent, il n'y a pas plus lieu d'accorder *soir* que l'on n'accorde *service* dans : *des stations-service.*
On le voit, il existe des arguments en faveur des deux écoles, et les écrivains restent divisés sur la solution de ce petit problème.

« stupéfait (cela m'a) »

Naturellement, le mot *stupéfait* existe bien, mais c'est un adjectif, qu'il ne faut pas prendre pour un participe passé! On peut donc dire : *je suis stupéfait de voir ceci, nous étions toutes stupéfaites en l'écoutant.* Mais il est grammaticalement impossible, par conséquent il est interdit, de dire : « cela m'a stupéfait », « son discours nous a stupéfaites », car *stupéfait* n'est pas le participe passé d'un certain verbe « stupéfaire » qui n'a jamais existé; donc, *stupéfait* ne saurait entrer dans la conjugaison composée d'un verbe imaginaire. Le vocable approprié, cependant, existe : c'est le verbe *stupéfier.* Il faut, par conséquent, dire : *cela m'a stupéfié(e), nous avons été stupéfiés(ées) par son audace.* En revanche, on peut dire sans aucune crainte *cela nous a satisfaits*, car le verbe *satisfaire* existe bel et bien.

« stupide accident (un) », « mauvaise chute (une) »

Ce sont là des clichés dont il faut se garder. Un accident est toujours stupide, une chute est toujours mauvaise. À la rigueur, on peut admettre cette forme d'expression si

elle est assortie d'un comparatif (*ton accident est encore plus stupide que je ne pensais*) ou d'un superlatif (*la plus mauvaise des chutes*), car un accident peut être plus ou moins stupide, sans toutefois cesser de l'être, et il y a des chutes plus mauvaises que d'autres, mais, à un degré quelconque, toutes le sont. Au sens, bien entendu, où l'on parle d'une personne qui tombe et risque, par conséquent, de se faire grand mal.

STYLE DIRECT / STYLE INDIRECT

« Je lui ai dit qu'elle " était une enquiquineuse "! »
Confusion entre style direct et indirect! Seuls les propos effectivement tenus doivent être mis entre guillemets. Lorsque les propos sont rapportés « en substance », il ne s'agit pas de propos intégralement et précisément reproduits. Il serait donc malhonnête, intellectuellement, de les guillemeter, puisque ce procédé doit accompagner une citation rigoureuse, *mot à mot*, du discours.
La phrase que nous présentons au départ de cet article ne contient pas une erreur gravissime, mais nous l'avons choisie parce qu'elle est représentative d'une inadvertance très fréquemment commise. Le choix du style direct, c'est-à-dire avec reproduction rigoureuse, exige la présentation suivante : « Je lui ai dit : " Tu es une enquiquineuse! " » ou encore : « Je lui ai dit qu'elle était une " enquiquineuse ". » La première formule peut avoir une variante : « Je lui ai dit : " Tu es une ' enquiquineuse ' ". »
Aucun guillemet ne doit être indiqué si notre phrase ne comporte qu'un résumé des propos tenus : « Je lui ai dit qu'elle était une enquiquineuse. »

« subordination de témoin »

La paronymie cause souvent la confusion. Il faut dire : *subornation de témoin*, du verbe *suborner*, corrompre, détourner quelqu'un de son devoir. – Le mot *subordination* a un tout autre sens; il dérive du verbe *subordonner*, faire dépendre [quelqu'un ou quelque chose] de [quelqu'un d'autre, quelque autre chose]. La faute a été relevée dans la bouche d'un présentateur le 9 août 1985 sur Europe 1.

« succédés (ils se sont) »

Grossière faute de grammaire : le participe passé du verbe *succéder*, qui est transitif indirect, reste invariable en toute circonstance (de même que ceux de *plaire, déplaire, complaire,* et d'un très petit nombre d'autres verbes) parce que l'accord en régime pronominal ne pourrait se faire qu'avec un complément direct, et que, précisément, *succéder* ne peut en avoir (on ne succède pas quelqu'un, mais *à* quelqu'un). En conséquence, il faut écrire : *les interventions à la tribune se sont succédé sans arrêt.* Le sens est en effet : ont succédé les unes *aux* autres. Autrefois, *succéder* a été transitif direct; on trouve donc son participe passé accordé dans des textes anciens où il était ainsi employé ; on pouvait dire alors : succéder quelqu'un.

« Le Sud-Liban »

La gravité et la complexité des problèmes du Moyen-Orient doivent inciter chacun à faire preuve de rigueur dans le choix des mots...
S'il y eut, très officiellement, deux États vietnamiens – que l'on appela usuellement « Sud-Vietnam » et « Nord-Vietnam » –, il n'en est pas de même, du moins à l'heure actuelle, pour le Liban. On se gardera donc bien d'adopter cette graphie avec trait d'union et cette formule qui indiqueraient l'existence officielle d'un second État issu du Liban. Il convient alors de s'en tenir à des expressions légales, conformes à la réalité politique officielle : *le sud du Liban, le Sud libanais, le Liban du Sud.* (Notez au passage, ô lecteur attentif! l'emploi de la majuscule quand un point cardinal devient un nom [propre] de région; d'ailleurs, même quand ce mot est suivi d'un nom de pays, certains préconisent également une majuscule : *le Nord de la France, le Sud de l'Italie...* Pourquoi pas, en effet ? Toutefois, l'usage traditionnel consiste à employer une minuscule : *le nord de l'Italie, le sud de l'Écosse.*)

« suivre (s'en) »

Cette formulation est graphiquement incorrecte. La bonne expression est *s'ensuivre,* en un seul mot (verbe essentiellement pronominal, c'est-à-dire dont le pronom personnel est inséparable), ou encore *s'en ensuivre* si l'on tient, par une sorte de redondance voulue, à bien marquer de quel fait cité plus haut le développement en cours est la conséquence. La particule *en* liée en préfixe ne doit pas être détachée ; ainsi l'on dira : *La gelée ayant persisté, il s'en est ensuivi* (et non : « il s'en est suivi » *une mauvaise récolte ; Quelles difficultés se sont ensuivies de ton procès avec Glandouille ?* (et non pas : « s'en sont suivies »). Quelques-uns transgressent sciemment la formulation correcte et la tiennent pour un archaïsme littéraire en passe d'être désavoué par le langage parlé.

« sur le journal (lire) »

On doit dire : j'ai lu *dans* le journal (et non « sur »). Du moins est-ce tenu pour préférable. « Sur » est plus relâché ; mais la littérature en compte des exemples. – Sur un sujet voisin, voir **« dans » une liste**, p. 84.
En revanche, on dira très correctement : *une fourmi se promène sur le journal !*

Autre emploi contestable de *sur* : « Vous habitez sur Paris ? » À la rigueur, un moderne stylite passant les douze mois de l'année perché au sommet de la tour Eiffel pourrait dire qu'il habite « sur » Paris, mais le commun des « Franciliens », Parisiens et banlieusards, doivent dire qu'ils habitent *à* Paris, *en* banlieue, *dans* la région parisienne...

Une critique voisine rejette « rouler sur, se diriger sur »... au profit de *rouler vers (les voitures du cortège roulent*

actuellement vers Paris), de *se diriger vers (les défilés se dirigent vers la porte de Saint-Ouen)*, etc.
En revanche, dans une acception bien précise... et menaçante, il est assurément correct d'écrire : *les manifestants marchent sur Versailles, les blindés ennemis se ruent sur Paris...*

« tant qu'à faire »

Tout le monde est d'accord : il faudrait dire *à tant faire que de* (courir le marathon, travailler le dimanche, etc.), et non « tant qu'à » (courir..., travailler...). Dans un texte littéraire, bien peigné, bien soutenu, il convient d'éviter la forme laxiste indiquée ici entre guillemets et d'user de la forme rigoureuse composée en italique. Mais l'usage parlé a adopté « tant qu'à » (faire, etc.); on pourra donc, dans la conversation (et même dans un dialogue rapporté), se résigner à cette locution courante, en réservant au bon style rédactionnel l'expression *à tant faire que de*, à peu près inusitée dans la pratique orale.

« temps matériel »

« Je n'ai pas eu le temps matériel de... ». Expression fort courante, certes (nous l'avons entendue à la télévision le 22 octobre 1985). Si l'on y réfléchit une seconde, on doit pourtant être conduit à y renoncer, car il n'est rien de plus abstrait, de plus immatériel, que le temps. Il n'existe pas de moyen de le matérialiser! « Je n'ai pas eu le temps

matériel d'aller vous voir » est donc, en fait, une absurdité. En revanche, rien ne s'oppose à ce qu'on dise : *Je n'ai pas eu matériellement le temps d'aller vous voir*, ce qui signifie que vous en avez été empêché par des circonstances d'ordre matériel. Mais rien ne s'oppose non plus à ce que vous supprimiez tout bonnement cette référence peu nécessaire à la matérialité.

« tête-bêche dans un piège (se jeter) »

Ce *lapsus calami* a été commis (simple inadvertance, évidemment) par M. Jacques Harmand dans son *Vercingétorix*, p. 366. Il est hors de doute qu'il a voulu dire : *se jeter tête baissée dans un piège*. La paronymie lui a joué un des tours dont elle est coutumière. – Rappelons malgré tout que *tête-bêche* signifie *parallèlement mais en sens inverse*, par exemple quand on parle de deux choses dont l'une a le haut situé au niveau où l'autre a le bas; il existe des timbres-poste *tête-bêche* (locution adverbiale, donc invariable) dans certaines émissions philatéliques.
Au Moyen Âge, on disait : *à tête béchevet*, ce dernier mot signifiant *à double chevet* (du latin *bis*, deux fois, et *caput*, tête, dont dérivent pareillement *chapeau, chef, achever*, etc. Puis, *béchevet* n'étant plus compris, la locution s'est altérée.

« tous sont unanimes »

Pléonasme tout à fait haïssable : *tous, toutes*, est à exclure en présence d'*unanimes*. Il faut dire ou bien : *les congressistes sont unanimes pour estimer que...* ; ou bien : *tous les congressistes sont d'accord pour*, etc.; ou encore : *tous les congressistes estiment que...* De même est à bannir une expression comme : « tous, toutes, ont approuvé le projet (la motion, etc.) à l'unanimité »; on doit dire simplement : *tous (toutes) ont approuvé le projet*, ou bien : *ils* (les congressistes, etc.), *elles* (les auditrices, etc.), *ont approuvé le projet* (la motion, l'orateur, la conférencière, etc.) *à l'unanimité*; ou encore, à la forme passive : *il, elle* (le projet, la motion, etc.) *a été approuvé(e) à l'unanimité.*

« très envie », « très faim », « très plaisir »

C'est du langage parlé, qu'il faut éviter dans l'écrit. En effet, *très* se place devant un autre adverbe (*il est très*

bien), ou devant un adjectif *(c'est très bon)*, ou devant un participe passé employé adjectivement mais n'ayant que valeur passive *(il est très affligé par ce deuil, je l'ai trouvé très abattu)*, enfin devant une locution usitée adverbialement ou adjectivement *(vous êtes très en forme, elle est très en beauté)*. L'emploi de *très* devant un substantif est un abus du parler courant : « faire très attention, avoir très faim », etc. Il faut dire et surtout écrire : *faire bien attention, avoir grand-faim* (*grand-soif, grand-peur,* etc.; noter ici le maintien de *grand* en sa forme primitive sans *e* final, et le trait d'union remplaçant l'apostrophe injustifiée d'autrefois), *avoir grande envie, cela me fait grand plaisir*, etc.

REMARQUE. *Très* s'emploie seul en style plaisant par ellipse d'un adjectif ou d'un adverbe précédemment cité et dont on veut éviter la répétition; par exemple, chez Rostand (*Cyrano de Bergerac*, I, IV) :

> Vous... vous avez un nez... heu... un nez... très grand... – [Très.

Le seul cas où *très* peut précéder licitement un substantif est celui où ce substantif a valeur adverbiale ou adjective : *il est très cinéma* (il l'adore, il y va souvent), *il est très Régence* (il a de bonnes manières vieille France), *elle est très collet monté* (elle est guindée, prude, c'est une pimbêche).

L'emploi de *très* devant un participe passé ayant valeur active est incorrect; ne pas dire, par exemple : « il s'est très blessé », « ils se sont très disputés », etc., mais : *il s'est gravement blessé, ils se sont beaucoup disputés.*

un C.R.S., un H.L.M.

On entend parfois de soi-disant « puristes » – soupçonnables de cuistrerie en l'occurrence – interdire de péremptoire façon l'emploi comme noms communs masculins de ces deux sigles. Pour eux, *C.R.S.* ne peut désigner qu'*une compagnie républicaine de sécurité (la C.R.S. 37 a été transférée à la caserne de X...)*, alors que *H.L.M.* doit toujours demeurer au féminin, car signifiant : *habitation* (= immeuble) à *loyer modéré...* Si ces linguistes attardés ouvraient les dictionnaires de référence, ils constateraient, par exemple, que le dictionnaire le plus courant,

le Petit Larousse illustré, n'accepte plus, en sa version 1987, *C.R.S.* que comme nom masculin au sens de « abrév. désignant un membre d'une compagnie républicaine de sécurité ». Le nouveau Grand Robert en neuf volumes mentionne les deux acceptions, avec leur genre respectif, en précisant que le sens de « fonctionnaire de police appartenant à une compagnie républicaine de sécurité » est plus courant...
Le P.L.I. 1986 ne mentionne pour *H.L.M.* que l'unique acception d'« immeuble [...] dont les logements sont destinés aux familles à revenus modestes »... mais accepte le double genre (le masculin découlant du fait qu'il s'agit d'un immeuble). Le G.L.I.F. avait devancé en ce sens son « petit frère ». Et le Grand Robert en neuf volumes se rapproche plus encore de l'usage courant en accueillant l'acception ô combien usuelle! – d'« appartement d'une habitation à loyer modéré » (*« Mais enfin, il pourrait s'acheter un H.L.M.* » – Claude Courchay, *La vie finira bien par commencer* : in Grand Robert, 2e édit., V, p. 210. *« Toutes les fenêtres du H.L.M. étaient allumées* », Yvan Audouard, « Le petit rapporteur de télévision », *Télé 7 Jours*, 21-27 décembre 1985.)

Nous nous refusons, quant à nous, à condamner des extensions de sens inéluctablement entérinées par l'usage contemporain et qui ont, en conséquence, entraîné un changement de genre. Espérons simplement que ces licences bénignes resteront peu nombreuses et qu'on n'en viendra pas à dire « le C.G.T. » pour désigner un adhérent (masculin) de ce syndicat, voire également « le C.G.T. » quand on parlera de *la* confédération ouvrière, sous prétexte que c'est *un* syndicat.

« un de ceux qui a... »

On voit se répandre de plus en plus cette faute indéfendable d'analyse et d'expression. Exemple sous la plume de l'excellent journaliste Erik Emptaz (*le Canard enchaîné*, 14 août 1985) : « Un de ceux qui en a avalé le plus [de couleuvres] ». Rien ne peut justifier le verbe au singulier, dont le sujet ne sauiait être « un » mais bien *ceux qui : « Un de ceux qui en ont avalé le plus.* »

Il en va différemment de la phrase suivante dans le même article : « *Une des deux* ˆ*era prête pour le réveillon* », où le verbe s'accorde ˈrès correctement avec *une.*

VERBE, CONJUGAISON

Nous rassemblons ici quelques exemples de mauvaises constructions de verbes ou de fautes de conjugaison.

Confiner (à)

« L'avalanche de livres et d'articles consacrés à Hugo confine l'overdose. »

Le critique littéraire parisien qui « commit » cette phrase oubliait que le verbe *confiner* est transitif indirect, et qu'il se construit avec la préposition *à* : « *Son attitude confine à la folie!* », ou avec... *avec* : « *La Suisse confine avec la France et avec l'Italie, entre autres* ». – La première construction est de loin la plus fréquente.

L'emploi transitif direct avec la même acception est sinon condamnable, du moins à déconseiller du fait de la rareté de son utilisation – qui entraîne à considérer cette tournure comme fautive.

Notre critique aurait pu aussi s'abstenir de recourir au franglais *overdose,* pour lequel on recommande la substitution de *surdose.* Mais l'usage entérine si largement le terme qu'il est difficile de le condamner sans appel au profit de son équivalent, à conseiller néanmoins.

Au sens d'*enfermer,* de *cloîtrer,* le verbe *confiner* est transitif : « *On confina les suspects dans l'île de Ré* ». « *En 1979, une proposition de loi de M. M... A... prévoyait de confiner dans les Terres australes les condamnés à perpétuité.* »

La forme pronominale se construit avec *dans* : « *Se confiner dans ses recherches* ».

Résulter (de); témoigner (de)

« C'est un très délicat travail de marqueterie que résulte ce panneau exécuté par Lucien Fosse. »

« ... Ce beau portrait traduisant avec justesse l'alliance de la sensibilité et d'une invincible volonté que témoigne ce fin visage ».

Ces deux exemples d'incorrections sont puisés dans des légendes du *Journal de l'amateur d'art*, n° 725 (avril 1986).

Premier exemple : il faut « *c'est d'un très délicat travail* [...] *que résulte* », etc., car *résulter* est transitif indirect; une chose n'en résulte pas une autre, elle *résulte d'une autre.*

Second exemple : il faut « *l'alliance de la sensibilité et d'une invincible volonté dont témoigne ce fin visage* ». Certes, *témoigner* est parfois transitif direct; exemple : *témoigner de la sympathie à quelqu'un; témoigner sa froideur aux amis d'autrefois.* Il s'emploie aussi au sens absolu : *témoigner en justice.* Mais un visage ne témoigne pas une alliance de sentiments, il *témoigne de cette alliance.* Le verbe réclame ici la forme transitive indirecte (que la grammaire d'il y a cinquante ans classait dans la forme *intransitive*).

D'ailleurs, dans le même numéro de la même intéressante revue, Jacques Dubois écrit excellemment (page 52) : « *Pour Aline Aurouet, peindre signifie témoigner à travers son art d'un engagement d'humaniste dont chacune de ses œuvres porte le message.* »

Voit / voie

« Le sculpteur Daniel Buren estime que tout est mis en œuvre pour que son travail ne voit pas le jour. »

Que de fois la hâte journalistique a mis sous nos yeux cette faute de conjugaison! Il faut évidemment : ... *pour que son travail ne voie pas le jour.* Le subjonctif présent est indispensable dans la proposition subordonnée rattachée par *que* à la principale. C'est l'homophonie de *voie* et de « voit » qui est cause de l'erreur, jointe, bien entendu, à l'étourderie du rédacteur. Il n'eût probablement pas écrit : « Le patron veut que je pars », ni : « Ma femme interdit que je sors », mais bien : *Le patron veut que je parte,* et : *Ma femme interdit que je sorte,* car il n'y a pas homophonie entre « pars » et *parte,* ni entre « sors » et *sorte.*

Rappelons la conjugaison du *subjonctif présent* du verbe *voir* : *que je voie, que tu voies, qu'il/elle voie, que nous voyions, que vous voyiez, qu'ils/elles voient.* Noter l'*i* à ne pas oublier après l'*y* à la première et à la deuxième personne du pluriel.

Conclure, élire

La conjugaison du verbe *conclure* donne lieu à de fréquentes fautes ; voir p. 73, etc. Voir aussi, pour le verbe *élire,* p. 101.

« L'un de ceux qui fera... »

Lu dans un quotidien régional en date du 10 avril 1986 : « L'un des chars qui fera sa sortie dimanche. » Il s'agit, on l'a deviné, de la légende d'une photographie montrant un char de la prochaine cavalcade. Avec une ponctuation, en l'occurrence une simple et modeste virgule, la phrase serait parfaite : « *Un des chars, qui fera sa sortie dimanche.* » Mais sans cette virgule le verbe doit s'accorder au pluriel – entraînant dans le même accord l'adjectif possessif – avec le substantif *chars* : « *Un des chars qui feront leur sortie dimanche.* » Cette faute, de plus en plus fréquente, menace le mécanisme même de la langue, et son intégrité grammaticale.

Voir p. 238 l'article **Un de ceux qui a...**

J'eus / j'eusse

« Je n'eus jamais imaginé, si la maladie ne m'avait frappé, qu'il existât des êtres aussi malheureux. »
S'il faut complimenter José Fernandez d'avoir ainsi, dans *Évelyne,* employé à bon escient l'imparfait du subjonctif du verbe *exister,* on doit, en revanche, lui signaler une inadvertance dans la conjugaison du verbe *avoir,* auxiliaire du verbe *imaginer* en temps composé, au tout départ de sa phrase. Il a confondu deux temps : le passé antérieur du mode indicatif : « j'eus imaginé », qu'il a employé par erreur, et le second passé du conditionnel : « *j'eusse imaginé* », qu'il aurait dû choisir puisque c'est le sens de la phrase qu'il écrivait.
Cette confusion entre *eus* et *eusse* est fréquente. Il est bon, pour s'en prémunir, de garder dans l'esprit des exemples de l'un et de l'autre en leur emploi respectif.
PASSÉ ANTÉRIEUR DE L'INDICATIF : « *Elle se retourna sur moi quand je l'eus croisée* ».

SECOND PASSÉ DU CONDITIONNEL (identique, observons-le, au plus-que-parfait du subjonctif) : « *Elle se serait retournée sur moi si je l'eusse croisée.* » La même erreur est parfois commise à la troisième personne *(eut, eût),* mais là elle se limite à un détail orthographique : le passé antérieur ne prend pas d'accent sur l'*u,* alors qu'il en faut un au temps du conditionnel : « *Je me retournai sur elle quand elle m'eut croisé* », mais : « *Je me serais retourné sur elle si elle m'eût croisé.* »

La même faute altère parfois la conjugaison du verbe *être*; Victor Hugo lui-même est tombé dans le piège en des vers datés d'octobre 1870 et destinés à *l'Année terrible* mais finalement non publiés par lui; les récupérateurs les ont joints en annexe sous la rubrique « *Reliquat* », mais c'étaient des vers de premier jet qui n'ont pas été relus et que le poète n'eût certainement pas donnés en l'état à l'imprimeur. Nous les avons reproduits déjà dans notre ouvrage *Pièges du langage II*; les voici derechef :

> Qu'un homme puisse perdre une bataille exprès,
> Qu'il offre à l'ennemi sa connivence vile,
> Et fuie, étant vainqueur, pour mieux livrer sa ville,
> Ceci passe le crime et passe le remord[1] !
> Ô toi qui défendis la tienne, et qui fus mort
> Plutôt que de laisser le cosaque servile
> Et le fauve borusse entrer dans Thionville,
> Mon père, toi qui fus pour la Prusse un écueil...

On le remarquera, *fus* figure deux fois dans cette citation. Dans le dernier vers, il est employé correctement : *toi qui fus* [...] *un écueil*; c'est le PASSÉ SIMPLE DE L'INDICATIF. Au contraire, au cinquième vers cité : « et qui fus mort », la faute est flagrante, il fallait le CONDITIONNEL SECOND PASSÉ qui exigeait *fusses.* Le vers, en enlevant *qui,* pronom redondant et superflu, pouvait parfaitement être réparé et garder ses douze pieds de brave et honnête alexandrin : « *Ô toi qui défendis la tienne, et fusses mort – Plutôt que de laisser* », etc.

Voilà ce qui arrive après leur mort aux poètes célèbres quand ils laissent traîner dans leurs manuscrits non publiés des vers qu'ils ne se sont pas donné la peine de revoir !

---

1. *Remord* sans *s* final pour assurer la rime visuelle avec *mort.*

J'aurai / j'aurais

« De préférence à Paris, j'aurai choisi un coin de campagne pour vivre mes années de retraite. »

L'homophonie, totale ou partielle, entre *aurai* et *aurais* est cause de cette faute de conjugaison. Il est clair que nous sommes ici en présence du CONDITIONNEL, et qu'il faut écrire : « *De préférence à Paris, j'aurais choisi un coin de campagne* », etc. C'est donc une faute d'écrire : « aurai », qui est la graphie normale de l'auxiliaire dans la conjugaison du FUTUR ANTÉRIEUR DE L'INDICATIF; exemple : « *ça ira mieux quand j'aurai cassé une bonne croûte* ».

Si nous avons fait mention d'une homophonie *totale ou partielle,* c'est qu'en certaines régions, celle de Paris notamment, on prononce de façon exactement pareille à la lecture le son *ai* et le son *ais* à la syllabe finale des verbes; entre *je remballai* (ma marchandise) et *je remballais,* on n'y fait aucune différence. Dans d'autres régions, au contraire, *lai,* à la désinence du passé simple, sera prononcé *lé,* alors que *lais,* à celle de l'imparfait, sera prononcé *lê.* L'homophonie étant présumée à l'origine de la faute, il serait intéressant de rechercher si celle-ci est plus souvent commise dans les régions où la distinction n'est pas faite que là où elle est perceptible à la prononciation.

Même type de confusion entre le passé simple et l'imparfait. Une ignorance trop répandue fait que la différence entre *chantai* et *chantais* tend, dans beaucoup de cas, à se neutraliser; les formes avec *-s* et sans *-s* sont employées au petit bonheur (à l'avantage, toutefois, de la forme avec *-s*) : « Je restais là une heure, puis repris le métro » (au lieu de : *Je restai...*). Rappelons à ce propos ce que nous écrivions dans *le Français pratique,* VIII, 51 (1979) : Beaucoup d'usagers du français confondent graphiquement le passé simple et l'imparfait (de l'indicatif) des verbes du premier groupe, ceux dont l'infinitif se termine par *er,* à la 1re personne du singulier de leur conjugaison. La finale les distingue : il faut un *s* à l'imparfait (je préfér*ais*), non au passé simple (je demeur*ai*). Le passé simple exprime une action concrète, délimitée en un laps de temps connu ou suggéré, tandis que celle qu'évoque l'imparfait (qui, en outre, sert à dire un état permanent ou prolongé) est plus vague, plus étendue en durée, parfois indéfinie, quand ce n'est pas une notion constante ou abstraite. »

Livrer (à)
« Nous livrons les Allemands, les Japonais, etc. »
Ainsi s'exprimait le représentant d'un important fabricant d'épées, de fleurets, et autres lames pointues, au cours de l'émission de Laurent Broomhead « Le Raton laveur » (France-Inter, 22 mai 1986). Peut-être cette personne s'appuyait-elle sur le laxisme du P.L.I. pour employer transitivement en ce sens le verbe *livrer.* En effet, si les Anglais *livrèrent Jeanne d'Arc aux Anglais,* la firme française, elle, *livre des armes aux Allemands et aux Japonais.* D'autres dictionnaires se montrent plus rigoureux que le P.L.I., et ne mélangent pas cause et effet!

«souhaite qu'il viendra (je) »

Voir p. 108 « **espère qu'il vienne (j')** ».

« vêtissais (je me) »

Erreur de conjugaison. Le verbe *vêtir* est du troisième groupe : indicatif présent, *je me vêts, nous nous vêtons*; imparfait, *je me vêtais, nous nous vêtions.* Les verbes *revêtir* et *dévêtir* ont la même conjugaison.

« vétuste (un vieil immeuble très) »

Type même du pléonasme commis par ignorance de l'étymologie. En effet, *vetustus,* l'étymon latin de *vétuste,*

veut dire « vieux, ancien », tandis que *vieux* est issu de la forme voisine *vetulus.* Il faut donc parler d'un *vieil immeuble délabré,* mais ne point accoupler *vieux* et *vétuste,* qui sont étymologiquement synonymes.

« vieux Cassandre du Sénat (les) »

Par antonomase, on emploie assez souvent un nom propre de personne à la place d'un nom commun pour faire entendre les qualités ou les défauts d'un individu : *Cet homme est un véritable harpagon* (= il est très avare); *Qui est cette Vénus blonde et bronzée ?* (= quel est le nom de cette fille superbe ?); etc.

Les dictionnaires ont entériné un grand nombre de ces mots en tant que noms communs, donc s'écrivant avec une minuscule initiale : *un aristarque, un mécène, une mégère...* Bien qu'employés aussi fréquemment, d'autres noms sont écrits en général avec une majuscule initiale (ce qui, évidemment, pose un problème pour le pluriel : faut-il écrire *des Rastignac* ou *des Rastignacs* ?).

En principe, ces noms communs issus de noms propres de personnes ou de personnages de l'art, de la littérature et de la mythologie ne désignent que des individus du même genre, masculin ou féminin, que celui de l'étymon. Et cela à plus forte raison quand le mot a été ratifié comme nom commun par la plupart des dictionnaires. Ainsi, on ne voit pas écrit : « une harpagon », « un mégère », « une apollon »... ! En revanche, l'usage est plus fluctuant, par exemple, avec un mot masculin ayant une terminaison féminine, et l'on voit parfois des formules telles que « la directrice de la galerie de peinture était depuis longtemps la mécène de Solange Allondon, qui était venue au pointillisme après une période tachiste ». Cet emploi apparaît toutefois comme illogique, et il vaut mieux dire et écrire « [...] *le mécène* [...] ».

Nous retrouvons donc le problème évoqué en entrée, s'agissant du mot *Cassandre,* auquel généralement on conserve sa majuscule initiale d'origine. Le terme est régulièrement utilisé par les journalistes pour qualifier des hommes politiques qui prédisent toujours des catastrophes, qui adressent perpétuellement des mises en garde alarmées et alarmistes au gouvernement ou au peuple... Prédictions qui ne rencontrent que l'indifférence ou sont accueillies par des sarcasmes.

Mais la mythologie grecque est bien loin, semble-t-il, et combien de journalistes savent – ont su ? – que Cassandre était... une femme ! Sœur de Pâris et d'Hector, donc fille du dernier roi de Troie, Priam, et d'Hécube, elle eut la maladresse de se refuser à Apollon, qui lui avait donné le don de prédire l'avenir. Pas *fair play* pour un sou, le dieu de la Beauté, de la Lumière, des Arts et de la Divination décréta que dorénavant personne ne prendrait au sérieux les prédictions de la Troyenne, quand bien même celle-ci aurait toujours raison.

C'est ainsi que la sœur du vaillant Hector essaya vainement de dissuader les Troyens d'introduire dans leurs murs le fameux cheval de bois faussement abandonné par les assaillants, et qui contenait en fait des soldats, stratagème qui permit aux Grecs de s'emparer enfin de la ville de Priam.

Condamnée à n'être jamais crue, la pauvre Cassandre vit se réaliser ses prédictions funestes. Ce qui ne fut même pas une maigre consolation, car sa vie ne fut pas rose, ensuite : violée par Ajax, elle devint l'esclave d'Agamemnon. Ce dernier fut assassiné dès son retour de la guerre de Troie par son épouse Clytemnestre – qui pendant ce temps-là avait pris un amant : Égisthe. Et l'infortunée Cassandre connut dans la foulée le même sort que son maître...

Ce nécessaire rappel historico-légendaire étant fait, faut-il alors en conclure que la phrase suivante : « Depuis deux législatures, Arthur Bonzoreilles, Amédée Zastre et Isidore Océances sont les vétilleux Cassandre(s) du Palais-Bourbon » est incorrecte, illicite ? L'emploi d'un adjectif au féminin rend-il la tournure acceptable : « Les trois députés sont les vétilleuses Cassandre(s) du Palais-Bourbon » ?

Selon nous, il est difficile d'admettre – à plus forte raison quand la majuscule initiale, conservée, fait tout à fait référence à la personne d'origine – un syntagme formé d'un adjectif au masculin et d'un nom propre féminin (ou l'inverse : « Céline et Armelle sont d'affreuses h[H]arpagons) ». En revanche, on peut bien dire et écrire : « *Arthur Bonzoreilles, Amédée Zastre et Isidore Océances jouent depuis cinq ans les Cassandre(s) au Palais-Bourbon* ». Sans adjectif contradictoire en genre, on ne peut pas condamner des expressions comme : « *Jocelyne est devenue le mécène de sa ville natale* », « *La critique Clémence Zénakos n'est pas un aristarque* », etc.

Toutefois, il est impossible d'admettre des formules qui apparaîtraient comme ridicules : « Claudine est sans conteste un apollon », « D'après sa femme, Gaston est une mégère »... ! Le changement de genre de l'adjectif peut d'ailleurs faire perdre le sens propre à l'antonomase : « Valentin (ou Germaine) est une narcisse » n'a assurément pas la même acception que « *Gaston est par trop un Narcisse* » !

Sous réserve des mêmes interdictions ci-dessus mentionnées, on acceptera un adjectif du même genre que celui du nom propre – étymon (banalisé ou non) : « *Laurence s'est imposée comme le très écouté Nestor du Parti républicain national* », « *Lucien est une vraie Cassandre, hélas !* », même si cela s'applique à une personne du sexe opposé.

« 20 heures du soir »

Sans être très fréquente, cette faute se remarque cependant là où, parfois, on ne l'attendrait pas; ainsi, elle a échappé à M. Michel Polac au cours de son émission du samedi 21 décembre 1985. Il coule de source qu'il faut dire ou bien : *20 heures,* ou bien : *8 heures du soir*; en effet, il est deux fois par jour 8 heures, le matin et le soir, alors que, très évidemment, il ne peut être 20 heures que le soir, puisque *20 heures* correspond à la façon de désigner les heures calculées à partir de minuit, comme *8 heures du soir* à partir de midi. L'exemple de *20 heures* s'étend donc à toutes les heures du soir, pour lesquelles il serait pléonastique de le préciser de surcroît.

Un raisonnement identique, mais avec la locution *de l'après-midi,* vaut pour des heures *post meridiem,* c'est-à-dire 13, 14, 15 et 16 heures; il faut dire ou bien : *16 heures,* ou bien : *4 heures de l'après-midi,* mais en aucun cas : « 16 heures de l'après-midi », puisque toute heure postérieure à 12 heures ne peut être attribuée qu'à l'après-midi ou au soir. Pour 17 heures, on dira indifféremment : *5 heures de l'après-midi,* ou : *5 heures du soir* (ou, bien entendu : *17 heures*); à partir de 18 heures, si l'on emploie la numérotation de 6 à 11, on dira obligatoirement : *du soir.* – Pour les heures de l'après-midi, on peut dire aussi : *heures de relevée,* mais ce terme est à peu près tombé en désuétude.

vis-à-vis de nos institutions

Peut-être ne verra-t-on pas de prime abord ce qu'il y a de suspect dans cette tournure. Le fait est qu'elle est devenue courante. Expliquons-nous donc.

En premier lieu, précisons qu'au sens propre la locution *vis-à-vis* n'offre prise à aucune critique. Elle signifie étymologiquement *visage-à-visage,* c'est-à-dire *face à face.* (Notez que l'usage est de mettre des traits d'union à *vis-à-vis* et de n'en pas mettre à *face à face* tant qu'il s'agit, pour cette locution, de son emploi adverbial.) On dit : *la tour Eiffel et le palais de Chaillot se font vis-à-vis,* ou encore : *le palais de Chaillot s'élève vis-à-vis de la tour Eiffel.* Une forme plus littéraire permet l'économie de la préposition *de* : *vis-à-vis la tour Eiffel.* Donc, quant au sens propre, aucun problème. Il correspond à : *en face de.*

C'est le sens figuré qui a amené des contestations. *Vis-à-vis* s'est substitué à *envers,* à *à l'égard de.* Exemples : *La position de Bakounine vis-à-vis du marxisme contenait en germe la fin de la Ire Internationale ouvrière; Que fera l'opposition vis-à-vis du nouveau ministère?; Laissera-t-on se développer l'hostilité vis-à-vis de nos institutions?* C'est Voltaire qui, le premier, s'est gendarmé contre cette extension figurée; il en attribue l'introduction dans la langue à Jean-Jacques Rousseau, qui selon lui l'aurait importée de Genève. Dans son *Dictionnaire philosophique,* il écrit notamment :

> *Vis-à-vis* s'introduit partout : on se trouve dans toutes les conversations vis-à-vis de ses goûts et de ses intérêts; les courtisans sont bien ou mal vis-à-vis du roi; le parlement en corps fait souvenir la nation qu'il a été le soutien des lois vis-à-vis de l'archevêque; et les hommes, en chaire, sont vis-à-vis de Dieu dans un état de perdition.

Cette protestation de Voltaire contre une extension de sens ne signifiait peut-être pas qu'il voulût la prohiber absolument; mais il en raillait l'abus. On abusait de « vis-à-vis » comme, de nos jours, à partir d'un certain moment, on s'est mis à abuser de l'expression « au niveau de », mise à toutes les sauces au point d'en venir à signifier n'importe quoi [voir p. 155]. Littré, cependant, est catégorique; il dit : « Vis-à-vis s'emploie souvent aujourd'hui au lieu de *envers, à l'égard de*; c'est une faute. »

Plus de cent ans ont passé sur cette condamnation. Le

verdict est à présent moins sévère. Plus personne n'abuse de *vis-à-vis,* et la locution, sortant de l'abus, est demeurée dans l'usage avec son sens figuré. Les écrivains, en grand nombre, l'ont adoptée ainsi, de Dumas à Maupassant et de Flaubert à Mauriac. D'ailleurs, sa première acception (*vis-à-vis l'église, vis-à-vis de l'Arc de triomphe,* etc.) n'est-elle pas déjà figurée par rapport à l'étymologie *visage-à-visage,* qui semblerait ne requérir et n'agréer que des faciès? L'extension imagée du sens d'un mot appartient de droit à qui emploie celui-ci, du moment qu'il n'y a pas abus, contresens ou quiproquo. Aujourd'hui, *vis-à-vis* a dépassé depuis longtemps sa période pléthorique; on l'utilise concurremment à ses deux équivalents figurés : *envers, à l'égard de.* Il se tient à sa juste place.

Au sens propre, naturellement, rien de changé.

voire même

Oh! nous ne monterons pas sur nos grands chevaux pour sabrer cette expression, jugée pléonastique par certains mais admise par Littré et la plupart des grammairiens. *Voire* dérive de l'adverbe latin *vera,* issu de *verus,* vrai. En français, à l'origine, *voire* a donc signifié *vrai.* Puis, il est devenu adverbe avec le sens de *vraiment.* Exemple, quelqu'un disait : *J'ai tué six lièvres à la chasse, ce matin*; on lui répondait avec une nuance de scepticisme : *Voire!,* c'est-à-dire : *Vraiment!* Il arrivait aussi que l'on dît : *Voire mais...*; donc : *Mais vraiment...* Peut-être est-ce le début du « voire même » si fort pourfendu par des formalistes. Car, à la longue, *voire* avait pris le sens de *même.* Il est évident dès lors que, si *voire* et *même* signifient la même chose, si l'un est la répétition de l'autre, il est inutile et il devient répréhensible de les accoupler. Si, au contraire, *voire* conserve ou recouvre son sens originel, *voire même* devient licite et signifie : *et même vraiment.* Tout est affaire d'interprétation en l'occurrence, aussi nous garderons-nous d'une condamnation catégorique, bien que nous classions l'expression parmi les formes en litige. Grevisse l'estime « *très correcte* », estimant qu'elle « *n'a rien d'un pléonasme* ». Il en fournit des exemples pris chez Bossuet, Musset, Mérimée. Selon lui, c'est l'ellipse habituelle de *même* qui a fini par donner à *voire* le sens de *même,* et la locution complète exige les deux mots pour avoir tout son sens. Thomas l'a relevée entière chez Huysmans, Georges Duhamel, Émile Henriot, André Thérive, et la juge simplement archaïque. Robert l'a trouvée chez Balzac.

vulgairement appelé...

« Les clips, c'est ce qu'on appelle vulgairement les broches. » Ainsi s'exprimait sur France-Inter, au cours de l'émission « Le Raton laveur », une collaboratrice d'un grand joaillier parisien. Même si, manifestement, il n'y avait pas d'intention méprisante dans l'expression, le terme *vulgairement* était mal venu. Car on ne saurait considérer le mot *broche* comme relevant du parler argotique, ou trivial... La représentante du luxueux magasin aurait dû dire : « *C'est ce qu'on appelle plus couramment les broches* », « [...] *plus communément les broches* », car *vulgairement* – ayant plusieurs sens – risque d'être mal compris.
En outre, il s'agissait là d'une « vulgarisation » partielle : le mot *clip* (pince, en anglais) désigne une pince à ressort sur laquelle est monté un bijou, le tout constituant une broche, une boucle d'oreille, etc. Par extension, *clip* est utilisé pour désigner ces bijoux.

« wagon de voyageurs »

Tout un chacun emploie cette expression, qui toutefois n'a pas cours dans le monde des chemins de fer.
Les wagons servent à transporter les bestiaux et les marchandises, les voitures à véhiculer les voyageurs. On a longtemps dit : « un wagon-restaurant », « un wagon-couchettes », « un wagon-lit », etc., et il a fallu du temps pour que les dictionnaires consentissent à rectifier : *une voiture-restaurant, une voiture-couchettes, une voiture-lit,* et à entériner : *une voiture-lit-salon, une voiture-salon, une voiture-bar.* (Tous ces mots composés prennent la marque du pluriel à chacun de leurs éléments.)
Le mot composé « wagon-lit » ne survit plus que dans la raison sociale de la Compagnie internationale des wagons-lits... et, en partie, dans le parler populaire, où l'expression condamnée abuse de la vitesse acquise!

Les cheminots respectant scrupuleusement la distinction indiquée ci-dessus lorsque, sur le quai, ils crient aux voyageurs : « *En voiture, messieurs-dames !* » – et non point, certes : « En wagon ! »

Yale (université « de »)

Il faut dire : *université Yale* (et non « de Yale »), du nom d'Elihu Yale (1648-1721), bienfaiteur de cet établissement, alors *college* fondé en 1701 à Branford (Connecticut), installé à New Haven en 1716, enrichi par ses dons en 1718, et devenu université en 1887. – V. aussi **Columbia** et **Harvard,** pp. 72 et 129.

INDEX

B

C

D

E

F

G

H

I

J

L

M

N

Q

R

S

Cet ouvrage a été réalisé sur
Système Cameron
par la SOCIÉTÉ NOUVELLE FIRMIN-DIDOT
Mesnil-sur-l'Estrée
pour le compte des Éditions Belin
le 22 août 1988

Imprimé en France
Dépôt légal : août 1988
N° d'édition : 1054-03 – N° d'impression : 10052